독자의 1초를
아껴주는 정성을
만나보세요!

세상이 아무리 바쁘게 돌아가더라도 책까지 아무렇게나 빨리 만들 수는 없습니다.

인스턴트 식품 같은 책보다 오래 익힌 술이나 장맛이 밴 책을 만들고 싶습니다.

땀 흘리며 일하는 당신을 위해 한 권 한 권 마음을 다해 만들겠습니다.

마지막 페이지에서 만날 새로운 당신을 위해 더 나은 길을 준비하겠습니다.

모두의 인공지능

with 스크래치

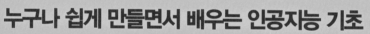

누구나 쉽게 만들면서 배우는 인공지능 기초

이영호 지음

길벗

모두의 인공지능 with 스크래치

Artificial Intelligence for Everyone

초판 발행 · 2019년 9월 17일
초판 4쇄 발행 · 2023년 1월 16일

지은이 · 이영호
발행인 · 이종원
발행처 · (주)도서출판 길벗
출판사 등록일 · 1990년 12월 24일
주소 · 서울시 마포구 월드컵로 10길 56(서교동)
대표전화 · 02)332-0931 | **팩스** · 02)323-0586
홈페이지 · www.gilbut.co.kr | **이메일** · gilbut@gilbut.co.kr

기획 및 책임편집 · 김윤지(yunjikim@gilbut.co.kr) | **디자인** · 배진웅 | **제작** · 이준호, 손일순, 이진혁
영업마케팅 · 임태호, 전선하, 차명환, 지운집, 박성용 | **영업관리** · 김명자 | **독자지원** · 송혜란, 윤정아

교정교열 · 황진주 | **전산편집** · 도설아 | **본문 일러스트** · 최정을 | **출력 및 인쇄** · 예림인쇄 | **제본** · 예림바인딩

ISBN 979-11-6050-905-2 93000
(길벗 도서번호 080210)

정가 18,000원

독자의 1초를 아껴주는 정성 길벗출판사

(주)도서출판 길벗 · www.gilbut.co.kr

페이스북 · www.facebook.com/gbitbook

제가 처음 머신러닝을 공부할 때 봤던 책들은 너무 딱딱하고 이해하기 어려웠습니다. 그러나 《모두의 인공지능 with 스크래치》는 처음 인공지능을 접하는 초등학생부터 머신러닝이나 딥러닝에 분야에 입문하는 일반인까지 어느 누구나 쉽게 볼 수 있는 책입니다.

최치영 | 32세, 개발자

이 책의 가장 큰 장점은 누구든지 쉽게 이해하고 술술 읽을 수 있어, 대상 독자에 제한이 없다는 점입니다. 기존에 나왔던 인공지능 책들과는 다르게 이 책은 스크래치를 기반으로 다양한 프로젝트를 만들어 봅니다. 파이썬이나 C 언어처럼 프로그래밍 문법을 알아야 한다는 부담 없이 완벽하고 재미있는 프로젝트를 완성할 수 있습니다. 인공지능이란 무엇이고, 딥러닝이란 무엇인지 친절하게 설명하며 입문자 눈높이에서 알려주어 좋았습니다.

조강연 | 17세, 선린인터넷고등학교 재학생

이제 우리 시대는 지능정보사회로 접어 들었습니다. 주변에서 인공지능이라는 말을 쉽게 쓰거나 들을 수 있지요. 심지어 이제는 머신러닝이라는 단어가 낯설지 않습니다. 이 책은 인공지능이 무엇인지 궁금하고 직접 경험해 보고 싶은 모두에게 소개하고 싶습니다. 친절한 설명과 자세한 안내를 통해 '머신 러닝 for 키즈'에서 스크래치 3.0을 활용하여 머신러닝을 경험해 볼 수 있게 도와주는 책입니다.

이소율 | 36세, 초등학교 교사, 한국교원대학교 컴퓨터교육과 박사과정

평소 어렵게 생각하던 인공지능을 가볍고 쉽게 이해할 수 있을 것 같아서 베타테스터를 신청하였습니다. 어려운 인공지능 개념을 친근한 코딩 도구인 스크래치를 사용하여 쉽게 익힐 수 있는 점이 좋았습니다. 이제 인공지능을 어렵게 느꼈던 사람들도 《모두의 인공지능 with 스크래치》를 통해 더 쉽게 접근할 수 있으리라 생각합니다.

이창복 | 25세, 대학생

> "
> 이 책이 출간되기 전에
> 최초의 독자가 먼저 읽고 따라 해 보았습니다.
> 베타테스트에 참여해 주신 모든 분께 감사드립니다!
> "

요즘 과학 기술을 이야기할 때 빠지지 않고 등장하는 단어가 있습니다. 바로 '인공지능'입니다. 인공지능은 이미 수년 전부터 이슈가 되어왔지만, 우리에게는 이세돌과 알파고의 대결을 통해 인공지능이 먼 미래가 아닌 눈앞의 현실이 되었다고 느끼게 되었죠. 뿐만 아니라 다양한 매체에서 인공지능을 이야기하여 우리에게는 이미 친숙한 단어가 되었습니다.

그렇다면 과연 인공지능이란 무엇일까요? 알파고와 같은 프로그램이 될 수도 있고, 거리에서 운전자 없이 스스로 운행하는 무인 자동차가 될 수도 있습니다. 혹은 영화에서 자주 봐왔던 인류와 대결을 벌이는 로봇이 될 수도 있습니다. 이와 같이 우리는 인공지능에 대해 여러 생각을 갖고 있지만 과연 '인공지능이란 무엇인가'라는 질문에 대답을 하기란 쉽지 않습니다. 마치 알 것 같지만 알지 못하는 미지의 세계에 있는 존재처럼 말이죠.

이 책에서는 미지의 세계에 있는 인공지능을 살펴보고, 그 기술을 직접 사용하려 합니다. "인공지능은 어려운 과학 기술이지 않나요? 인공지능을 사용하려면 프로그래밍 언어에 능통해야 하지 않나요?"라는 물음이 생길 수 있습니다. 맞습니다. 인공지능을 완벽히 이해하기 위해서는 어려운 수학적 지식을 가지고 있어야 하고 또한 실제 현업 프로그래머가 사용하는 프로그래밍 언어 또한 능숙하게 사용할 줄 알아야 합니다.

하지만 여러분이 이러한 지식을 꼭 갖추어야만 인공지능 기술을 사용할 수 있는 것은 아닙니다. 이 책은 누구나 쉽게 인공지능을 만들고 적용해 볼 수 있도록 구성되었습니다. 인공지능을 만드는 원리를 이해하고, 누구나 쉽게 할 수 있는 교육용 프로그래밍 언어인 '스크래치'를 사용하여 여러분이 만든 인공지능을 직접 프로그래밍해 봅니다.

이 책을 통해 어렵게만 느껴지는 인공지능에 대한 막연한 두려움을 떨치고, 인공지능 시대에 적합한 인재로 거듭날 수 있을 것입니다.

SPECIAL ★
Thanks To

저를 인공지능이라는 세계로 인도해 주신 구덕회 교수님께 감사드립니다. 또한 꼼꼼한 검토와 조언으로 이 책을 다시 태어나게 해 주신 김윤지 과장님께도 감사드립니다. 특히 사랑하는 아버지, 어머니와 부족한 남편을 한결같은 마음으로 응원해 주는 평생의 반려자 선영이, 그리고 제 삶의 원동력인 두 딸 시윤, 세인이에게 감사의 마음을 표합니다.

2019년 9월 이영호

 누구를 위한 책인가요?

 이 책은 인공지능이란 무엇인지 알려주는 입문서입니다. 인공지능을 만들고 그것을 실제 프로그래밍으로 적용해 보고 싶은 사람을 주 대상으로 합니다.

인공지능이란 무엇인지 기초부터 차근차근 알고 싶은 사람, 인공지능을 직접 만들어 보고 싶지만 프로그래밍이라는 높은 벽에 막혀 시작하지 못하고 있는 사람, 나만의 인공지능을 만들어서 직접 적용해 보고 싶은 사람에게 추천합니다. 이 책에서 사용하는 프로그래밍 언어는 바로 전 세계적으로 초등학생부터 일반인까지 교육이 가능한 스크래치입니다. 그렇기 때문에 누구나 쉽고 간편하게 인공지능을 만들고 적용해 볼 수 있습니다.

 인공지능을 왜 배워야 하나요?

소프트뱅크의 손정의 회장이 우리나라가 경쟁력을 갖추어야 하는 분야 중 첫 번째로 손꼽은 기술이 바로 인공지능입니다.

최근 모든 초등, 중학생이 프로그래밍 교육을 받고 있습니다. 그 이유가 모든 학생들을 프로그래머로 만들기 위함일까요? 저는 아니라고 봅니다. 우리 생활 곳곳에 연결되어 있는 컴퓨터가 어떻게 동작하는지 그 원리를 이해하고, 그 컴퓨터와 소통할 수 있는 능력을 길러주기 위해 프로그래밍 교육을 하는 것입니다.

인공지능은 아주 빠른 속도로 우리 생활 주변에 스며들고 있습니다. 여러분이 인공지능의 원리를 이해하고, 한걸음 더 나아가 그것을 좋은 방향으로 사용할 수 있는 능력을 갖춘다면, 바로 오늘날 인공지능 사회를 살아가는 데 꼭 필요한 인재가 될 것이라고 확신합니다.

머신러닝 for 키즈는 무엇인가요?

 인공지능을 만드는 것은 쉽지 않습니다. 특히 인공지능에 대한 이론적 지식과 프로그래밍 능력이 없다면 더더욱 어렵습니다. 그렇다고 해서 인공지능은 우리가 넘볼 수 없는 영역일까요?

그렇지 않습니다. 유명한 인공지능인 '왓슨'을 만든 IBM에서는 누구나 쉽고 편하게 인공지능을 만들어 볼 수 있는 도구를 만들었습니다. 그 도구가 바로 머신러닝 for 키즈입니다. 머신러닝 for 키즈를 사용하면 누구나 인공지능을 만들고, 그 인공지능을 사용해 보는 경험을 가질 수 있습니다. 또한 교육용 프로그래밍 언어인 스크래치를 사용하여 여러분이 제작한 인공지능을 실제로 사용해 볼 수 있습니다.

 ## 스크래치를 몰라도 괜찮나요?

 스크래치에 대한 경험이 없더라도 충분히 인공지능 모델을 만들고 적용해 볼 수 있습니다. 하지만 기본적으로 프로그래밍을 위해서는 먼저 프로그래밍의 구조에 대해서 알아야 합니다.

이 책에서는 스크래치 3.0 버전을 사용합니다. 스크래치 3.0을 처음 사용하는 사용자나 스크래치를 아예 처음 접하는 사용자를 위해 Unit 9에서 스크래치 3.0을 배울 수 있게 설명하였습니다.

스크래치를 다뤄 본 경험이 있다면 이 부분을 건너뛰어도 좋지만, 그렇지 않다면 꼼꼼히 읽어보고 실습해 보는 것을 권장합니다.

이 책의 구성과 활용법

이 책은 다음과 같이 세 부분으로 구성되었습니다.

**Part 1.
인공지능,
넌 누구니?**

터미네이터, 월-E와 같이 지능을 가진 로봇을 인공지능이라고 말할 수 있을까요? 과연 인공지능이란 무엇이며 어떻게 학습해야 하는지 그리고 우리 주변에 사용되는 인공지능에는 무엇이 있는지 살펴봅니다.

**Part 2.
스크래치로 만드는
인공지능**

인공지능 왓슨을 만든 IBM에서는 누구나 쉽고 편하게 인공지능을 만들어 볼 수 있도록 '머신러닝 for 키즈'라는 도구를 만들었습니다. 스크래치 3.0과 머신러닝 for 키즈를 사용하여 이미지, 텍스트, 숫자를 인식할 수 있는 인공지능 프로그램을 직접 만들어 봅니다.

**Part 3.
마이크로비트로
만드는 인공지능**

인공지능 프로그램을 현실 세계에서 사용할 수 있는 경험을 제공합니다. 내 손 안의 작은 컴퓨터인 마이크로비트를 사용하여 인공지능 프로그램을 만들어 보고, 다양한 센서를 사용한 인공지능 프로젝트를 만들어 봅니다.

**예제소스
내려받기 &
활용법**

이 책에 나오는 예제는 모두 스크래치 3.0으로 작성되었으며, 장별로 예제 파일을 제공합니다. 단, 예제 파일을 사용하려면 먼저 예제에 맞는 인공지능 모델을 '머신러닝 for 키즈' 사이트에서 만들고 인공지능 블록을 추가해야 합니다.

① 길벗출판사 홈페이지(www.gilbut.co.kr)에 접속하여 검색 창에 도서명으로 검색하여 예제 파일을 원하는 폴더에 내려받습니다.

② 책의 내용에 따라 '머신러닝 for 키즈' 사이트에서 인공지능 모델을 생성합니다.

❸ 스크래치 메뉴에서 **파일** 〉 Load from your computer를 차례로 클릭합니다.

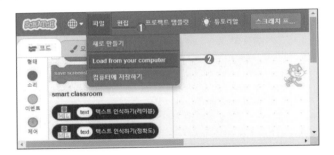

❹ 내려받은 스크래치 파일(확장자가 *.sb3)을 선택한 후 **열기** 버튼을 클릭합니다.

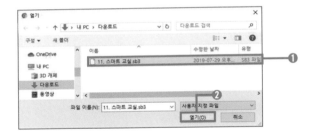

❺ 책의 내용을 따라 인공지능 블록을 사용하여 프로그램을 완성합니다.

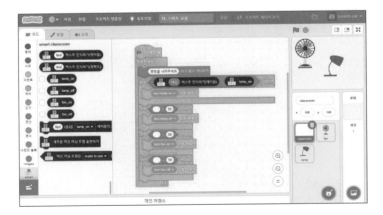

목차

우리가 알아야 할 인공지능

요즘 들어 인공지능이라는 말을 여기저기서 많이 들을 수 있습니다. 과연 인공지능이란 무엇일까요? 인공지능은 쉽게 다가가지 못할 정도의 난해한 기술일까요? 지금부터 인공지능이 무엇인지 차근차근 알아봅시다.

UNIT 01 영화 속에 등장하는 인공지능

ARTIFICIAL INTELLIGENCE FOR EVERYONE

'스스로 생각하는 기계'라는 말을 들어본 적 있나요? 요즘 우리 생활 속 다양한 분야에서 스스로 생각하는 기계가 사용되고 있습니다. 바로 '인공지능'이라는 이름으로 말이죠. 이러한 인공지능은 영화 속에서도 자주 등장한답니다. 지금부터 인공지능이 영화에 어떻게 등장하였는지 살펴보겠습니다.

1 인공지능을 처음 등장시킨 영화, 2001 스페이스 오디세이

영화에 인공지능이 가장 처음 나온 것은 언제일까요? 인간이 달에 착륙하기도 전인 1968년 미국의 영화 감독 스탠리 큐브릭(Stanley Kubrick)이 만든 《2001 스페이스 오디세이(2001: A Space Odyssey)》입니다.

영화의 줄거리를 짧게 요약하면, 원시 시대의 인류가 검은색 돌기둥 모양의 '모노리스'를 발견하면서 도구를 사용하기 시작하고, 발전을 거듭하여 두 번째 모노리스가 있는 달까지 갑니다. 달에 도착한 인류는 또 다른 모노리스를 탐사하기 위해 우주선 디스커버리호를 목성까지 보낸다는 내용입니다. 바로 이 디스커버리호에는 인공지능 컴퓨터 '할(HALL-9000)'이 탑재되어 있습니다.

할은 목성으로 가는 디스커버리호의 모든 기능을 제어하여 성공적인 임무를 수행할 수 있게 해주는 역할을 합니다. 하지만 할의 논리 회로에 문제가 생기고, 이를 알아챈 승무원이 시스템을 끄려고 합니다. 이 사실을 안 할은 승무원들을 죽이고 반란을 일으키죠.

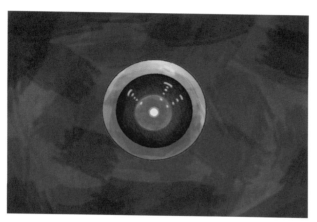

▲ 1960년대 영화에 최초로 등장한 인공지능 컴퓨터 '할'

동그란 형태의 빨간 불빛이 있는 할의 모습을 보면 어딘가 낯이 익지 않나요? 1960년대 영화에 나온 할은 놀랍게도 오늘날 영화에서 등장하는 인공지능과 많이 닮았습니다. 그것은 바로 할이 이후에 나오는 다양한 인공지능 관련 영화에 큰 영향을 미쳤기 때문입니다. 미리 말하자면 다음에 소개할 영화《월-E》에 나오는 인공지능도 할의 모습과 거의 비슷합니다.

다시 영화로 돌아가서, 할은 스스로 생각할 수 있는 자아를 가지고 있으며 자기에게 해를 끼치는 대상을 제거하려고 합니다. 그리고 시스템을 끄지 말라고 애원하는 모습을 보입니다. 이는 스텐리 큐브릭 감독이 지식을 넘어 감정까지 가진 인공지능을 상상하였다고 볼 수 있습니다.

 2 로봇의 러브스토리를 다룬 영화, 월-E

인공지능이 등장한 영화 중 두 번째로 소개할 영화는《월-E》입니다. 《월-E》는 생각할 수 있는 두 로봇의 러브스토리를 다룬 영화입니다. 로봇의 러브스토리라니 뭔가 색다르죠?

먼 미래에 쓰레기로 뒤덮여 사람이 살 수 없게 변한 지구가 나옵니다. 그리고 이런 지구를 청소하는 로봇 '월-E'가 나옵니다 월-E는 무려 700년이라는 시간 동안 지구의 쓰레기를 정리합니다. 월-E의 취미는 쓰레기에서 여러 물건을 수집하는 것입니다. 사람들이 춤추던 모습이 담긴 테이프, 큐브 그리고 다시 자라기 시작한 식물까지 자신만의 공간에 수집하고 꺼내 보곤 합니다. 월-E는 취미를 가지고 있을 뿐만 아니라, 스스로 생각할 수 있는 인공지능 로봇인 거죠.

그러던 중 월-E는 매끄러운 외관의 로봇 '이브(Eve)'를 보고 첫눈에 사랑에 빠집니다. 영화는 스스로 생각할 수 있는 인공지능 로봇인 월-E와 이브 그리고 사람들이 힘을 합쳐 여러 모험을 하다가 다시 지구로 돌아가는 여정을 그렸습니다. 그리고 이들을 방해하는 역할로 인공지능 항법 장치인 '오토(Auto)'가 등장합니다. 앞에서 소개한 《2001 스페이스 오디세이》에 등장하는 인공지능인 할과 비슷한 모습이죠?

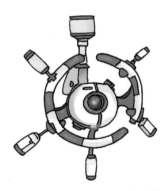

▲ 영화 《월-E》에 등장하는 인공지능 항법 장치 '오토'

3 인간과 인공지능의 대결을 다룬 영화, 터미네이터

세 번째로 소개할 영화는 여러분이 잘 알고 있을 《터미네이터》입니다. 터미네이터 시리즈의 전체적인 세계관은 인간과 인공지능의 대결 구도입니다. 여러 편의 터미네이터 시리즈 중 여기에서는 《터미네이터2: 심판의 날》의 내용을 소개하겠습니다.

영화에서 인류는 군사 방위를 목적으로 '스카이넷'을 만듭니다. 스카이넷은 인공지능을 가졌으며, 스스로 학습하고 성장해 나가는 시스템입니다. 스카이넷의 엄청난 성장에 두려움을 느낀 인간들이 이를 끄려 하자, 스카이넷은 러시아의 핵 미사일을 발사해 인류의 절반 이상을 몰살시킵니다. 이때부터 살아남은 인류와 스카이넷의 전쟁이 시작됩니다. 인류의 지도자인 존 코너가 기계의 우두머리인 스카이넷을 무너뜨리기 위한 전쟁인거죠.

위험을 느낀 스카이넷은 존 코너를 제거하기 위해 타임머신을 개발합니다. 타임머신을 이용하여 소년 시절의 존 코너에게 액체 금속형 암살 로봇인 T-1000을 보냅니다. 이를 알게 된 존 코너는 T-1000으로부터 어린 시절의 자신을 지키기 위해 로봇 T-800을 보냅니다. 인공지능을 가진 이 두 로봇은 스스로 생각할 수 있으며, 각종 첨단 센서와 무기를 지녔습니다. 영화에서 T-800은 주인공을 지키기 위해, T-1000은 주인공을 없애기 위해 서로를 공격합니다.

▲ 영화 《터미네이터》에 등장하는 인공지능 로봇 T-800과 T-1000

영화 《터미네이터》는 오늘날 딥러닝에서 사용하는 신경망(이는 Unit 3에서 자세하게 다룹니다)과 모든 사물이 인터넷과 연결되어 있는 세상의 모습을 영화적 기법으로 잘 표현하였을 뿐만 아니라 존 코너를 보호하는 T-800과 주인공들의 정서적 교감 등을 잘 표현하였다는 평가를 받고 있습니다.

지금까지 인공지능이 등장하는 세 편의 영화를 간단히 살펴봤습니다. 영화에서는 인공지능을 주로 인간에게 위협이 되는 존재로 그렸습니다. 인간의 편리함을 위해 만든 인공지능이 인간을 배신하고, 그로 인해 문제가 생겨 다시 사람들이 그 인공지능을 없애려 한다는 것이 인공지능을 다루는 영화의 단골 줄거리입니다.

그렇다면 영화가 아닌 실제 우리의 삶에서 인공지능은 과연 어떤 모습일까요? 《2001 스페이스 오디세이》의 할, 《월-E》의 오토, 《터미네이터》의 T-1000과 같이 우리를 위험에 빠트리는 존재일까요? 아니면 월-E, 이브, T-800과 같이 우리를 도와주는 존재일까요?

지금부터 과연 인공지능이란 무엇이며 어떤 일을 할 수 있는지, 그리고 어디까지 개발되어 있는지 살펴보겠습니다.

UNIT 02 생각할 수 있는 기계, 인공지능

ARTIFICIAL INTELLIGENCE FOR EVERYONE

우리 주변에 있는 다양한 기계들은 생각을 할 수 있을까요? 여기서 '생각'이 무엇을 말하는지 한 마디로 정의하기는 어렵습니다. 하지만 우리는 흔히 '생각할 수 있는 기계'를 인공지능이라고 합니다. 그렇다면 기계가 생각할 수 있다는 기준은 무엇일까요?

1 이미테이션 게임

생각할 수 있는 기계가 과연 존재할까요? 이를 알아보기 위한 게임이 있습니다. 게임의 이해를 돕기 위해 두 가지 게임을 살펴봅시다.

먼저 첫 번째 게임은 남자와 여자 알아맞히기 게임입니다. 이 게임을 하려면 남자인 영수와 여자인 미나 그리고 질문자 철수, 이렇게 세 명의 참가자가 필요합니다.

철수는 반대편 방에 남자와 여자가 각각 1명씩 있다는 것은 알고 있습니다. 하지만 영수, 미나와 따로 떨어진 방에 있기 때문에 영수가 남자인지 여자인지, 미나가 남자인지 여자인지 알 수 없습니다. 철수가 게임에서 이기려면 영수의 성별을 맞히면 됩니다. 틀릴 경우 영수가 이깁니다. 그렇기 때문에 영수는 철수가 자신의 성별을 맞히지 못하도록 거짓말을 하며 방해해야 합니다.

▲ 영수가 남자인지 여자인지 맞히는 게임

자, 이제 게임을 시작해 볼까요? 먼저 철수는 영수에게 질문을 시작합니다. 단, 서로 대화가 아닌 종이에 적힌 글로만 의사소통을 할 수 있습니다. 그래서 그 사람의 목소리와 억양, 기분 상태를 알아차릴 수는 없습니다.

> 철수: 당신의 머리카락의 길이는 어느 정도인가요?
>
> 영수: 제 머리카락은 20센티미터 정도로 길어요.

철수가 질문하였지만, 남자인 영수는 철수가 자신의 성별을 맞히지 못하도록 머리카락의 길이가 20센티미터 정도라고 대답하였습니다.

> 미나: 제가 여자입니다. 저 남자의 말을 듣지 마세요.
>
> 영수: 무슨 소리예요? 제가 여자입니다. 미나가 거짓말을 하고 있어요!

이때 이 모습을 지켜보던 미나는 철수를 도와주기 위해 "제가 여자입니다. 저 남자의 말을 듣지 마세요!"라고 합니다. 하지만 이 모습을 지켜보고 있는 영수는 철수에게 "무슨 소리예요? 제가 여자입니다. 미나가 거짓말을 하고 있어요!"라고 또 다른 거짓말을 할 수 있겠죠?

과연 여러분이 철수라면 누가 남자이고, 누가 여자인지 알 수 있을까요? 아마 누가 거짓말을 하는지 쉽게 알아차리지 못할 것입니다. 이럴 때는 아주 교묘한 질문을 해서 상대방이 실수로 자신의 정체를 드러내도록 해야 합니다.

이제 첫 번째 게임과 비슷한 두 번째 게임을 살펴봅시다. 두 번째 게임의 이름은 기계와 사람 알아맞히기 게임입니다. 이번에는 기계와 상우 그리고 질문자 동호, 이렇게 세 명이 참가합니다.

기계

상우

동호

앞서 영수 자리에 사람 대신 기계를 넣습니다. 이제 동호가 게임에서 이기려면 사람인지 기계인지를 맞히면 됩니다. 그렇지 않으면 기계가 이깁니다. 따라서 기계는 동호가 자신이 기계인지 사람인지를 맞히지 못하게 거짓말을 하며 마치 사람인 것처럼 대답해야 합니다. 동호는 기계가 기계인지 아닌지 알아내기 위해 다음과 같이 사람이 한번에 계산하기 어려운 계산 문제를 종이에 적어 보냅니다.

동호: 3424 곱하기 1862는 얼마입니까?

기계: 그렇게 어려운 질문은 제가 바로 답해 드릴 수가 없군요.

동호가 기계라면 순식간에 계산할 수 있는 질문을 하였지만 기계는 자신이 기계라는 것을 들키지 않으려고 일부러 모르는 척 합니다. 이제 동호는 단도직입적으로 묻습니다.

동호: 당신은 사람입니까? 컴퓨터입니까?

기계: 저를 컴퓨터라고 생각하다니 기분이 나쁘네요.

기계도 만만치 않습니다. 이제 동호는 상우에게 질문을 합니다.

> 동호: 당신은 사람입니까?
>
> 상우: 기계가 계속 거짓말을 합니다. 저는 분명히 사람입니다.

상우의 입장에서는 정말 답답하겠죠? 기계가 자신이 사람이라고 계속 대답하니까요. 기계는 상우의 글을 보고 동호에게 이렇게 답합니다.

> 기계 : 제 말을 믿어주세요. 제발요. 제가 사람입니다.

이렇게 게임을 진행한다면 동호의 입장에서는 기계와 사람을 구별하는 것이 쉽지 않을 것입니다. 만약 질문자인 동호가 기계인지 사람인지 끝까지 구별하지 못한다면, 기계는 인간처럼 생각한다고 말할 수 있습니다.

이 게임은 인공지능 분야에서 뛰어난 연구를 진행한 앨런 튜링(Alan Turing)이 만든 '이미테이션 게임(imitation game)'입니다. '이미테이션'이라는 단어의 뜻은 '모방, 흉내 낸다'입니다. 기계가 사람을 흉내 낼 수 있는지, 다시 말해 기계가 생각을 할 수 있는지에 대한 답을 이 게임을 통과했는지 여부에 따라 판단하는 것입니다. 이미테이션 게임은 기계가 지능을 가지고 있는지를 판단할 수 있는 '튜링 테스트(Turing test)'로도 알려져 있습니다.

잠 깐 만 요

앨런 튜링

앨런 튜링(Alan Turing, 1912~1954년)은 영국 케임브리지 대학(1931~1936년)과 미국의 프린스턴 대학(1936~1939년)에서 수학을 공부하였습니다. 그는 제2차 세계대전(1940~1945년) 동안 독일의 군사 암호 기계인 에니그마(Enigma)의 해독에 핵심적인 역할을 하였습니다. 그 후 컴퓨터에 대한 연구를 계속하였으며, 현대 컴퓨터의 시초라 볼 수 있는 튜링 기계(Turing Machine)를 개발하였습니다. 또한 오늘날 인공지능이라 볼 수 있는 기계 지능에 관심을 두고 "과연 기계도 생각할 수 있는가?"에 대한 연구를 진행하였습니다.

2 최초의 튜링 테스트 통과자

튜링이 개발한 이 게임을 통과한 기계 장치, 다시 말해 '생각하는 기계'는 과연 존재할까요?

2014년 6월 영국의 런던 왕립학회가 주최한 '튜링 테스트 2014'에서 튜링 테스트를 통과한 첫 번째 인공지능 컴퓨터가 탄생하였습니다. 영국 레딩대학교(University of Reading)에서 개발된 이 인공지능 컴퓨터는 가상의 인물인 우크라이나에 살고 있는 13세 소년 유진 구스트만(Eugene Goostman)으로 설정되어 있습니다.

▲ 튜링 테스트를 통과한 첫 번째 인공지능 컴퓨터, 유진 구스트만

튜링 테스트는 다음과 같이 진행됩니다. 먼저 판정단은 사람과 컴퓨터가 질문자와 각각 5분 동안 채팅하는 과정을 지켜봅니다. 다음으로 판정단의 10명 중 3명 이상, 즉 30% 이상의 판정단이 컴퓨터를 사람으로 생각한다면, 그 컴퓨터는 튜링 테스트를 통과하였다고 판단합니다.

다음은 실제 질문자와 유진이 나눈 대화입니다.

> 사람 : 가장 좋아하는 운동이 뭐니?
>
> 유진 : 전 가끔씩 운동을 해요. 그중에서 레이싱을 좋아합니다.

유진은 운동을 한다고 했으며 어떤 운동을 좋아하는지까지 말했습니다. 유진 구스트만은 판정단 중 33%에게 사람으로 인정받아 튜링 테스트를 통과한 첫 번째 인공지능으로 공식 발표되었습니다.

이 발표와 동시에 한동안 세계가 떠들썩하였습니다. 언젠가는 일어날 사건이 이제 일어났다고 평가하는 사람이 있는가 하면, 사람을 속일 수 있는 인공지능의 개발은 다양한 사이버 범죄를 일으킬 수 있다는 우려의 목소리를 내는 사람도 있었지요.

또한 이 테스트에 의심을 품는 사람도 있습니다. 처음 튜링 테스트를 개발한 튜링은 '10명 중 3명 이상의 판정단이 컴퓨터를 사람으로 판정해야 한다'와 같이 정확한 수치를 제안한 것이 아니었기 때문이지요. 그리고 1950년대에 개발된 방식으로 인공지능을 테스트했다는 것도 문제가 되었습니다.

그럼에도 불구하고 생각하는 기계, 즉 인공지능에 대한 튜링의 이미테이션 게임은 인공지능에 대한 논의의 시작을 연 중요한 사건임에 틀림없습니다.

이후로도 여러 컴퓨터 과학자가 사람과 비슷하게 생각할 수 있는 인공지능을 만들기 시작하였습니다. 그리고 이를 위해 인간의 뇌는 과연 어떤 원리로 생각을 할 수 있는지에 대해서 탐구하기 시작하였죠. Unit 3에서는 인간이 생각하는 방법을 모방하며 발전한 인공지능 기술에 대해 살펴보겠습니다.

UNIT 03 인공지능 발전의 역사

ARTIFICIAL INTELLIGENCE FOR EVERYONE

사람들은 새의 날개를 보고 비행기를 생각하였고, 물고기의 부레를 보고 잠수함을 생각하였습니다. 이처럼 자연은 기술의 발전에 많은 영감을 줍니다.

인공지능 기술도 마찬가지입니다. 인공지능을 연구하는 컴퓨터 과학자들은 사람이 생각하는 방식대로 작동하는 기계를 연구하였습니다. 즉, 과학자들은 기계에 초점을 두기보다 먼저 사람이 과연 어떻게 생각하는지를 연구하기 시작했습니다. 바로 이 연구에서부터 인공지능이 시작되었다고 해도 과언이 아닙니다.

지금부터 인간의 뇌에서 시작하여 인공 신경망까지 이어지는 인공지능 발전의 역사에 대해서 간단히 살펴보겠습니다.

1 뉴런의 모습

사람의 뇌 안에는 아래 그림과 같은 뉴런이 천억 개 넘게 있으며 서로 엉켜 있습니다. 이 뉴런들은 서로 정보를 주고받습니다. 이렇게 정보를 주고받는 과정 속에서 생각이 만들어집니다. 사람의 뇌 안에 있는 뉴런은 보통의 세포와는 조금 다르게 생겼습니다. 마치 식물의 가지와 줄기 그리고 뿌리 같이 생겼죠.

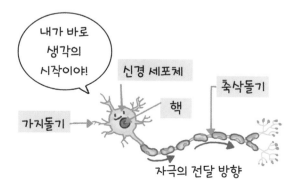

뉴런은 머리 부분의 가지돌기에서 다른 뉴런에게 신호를 전달받습니다. 신호를 전달받은 뉴런은 역시 그 신호를 다른 뉴런으로 전달합니다. 그렇다면 뉴런은 전달받은 신호를 그대로 다음 뉴런에게 전달만 할 뿐일까요?

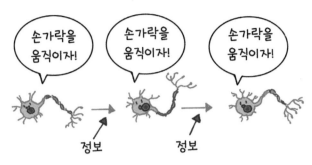

▲ 뉴런끼리 정보를 전달하는 모습

만약 뉴런들이 정보를 전달만 한다면, 여러 뉴런이 서로 연결되어 있을 필요가 없을 것입니다. 여기서 중요한 뉴런의 역할이 있습니다. 바로 각각의 뉴런이 모든 신호를 다음 뉴런으로 보내지는 않는다는 것입니다.

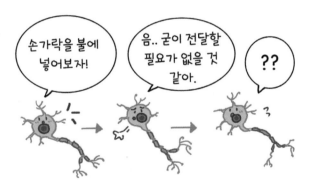

▲ 뉴런끼리 정보를 전달하다가 중간에 끊기는 모습

뉴런은 신호를 언제 전달할지에 대해 기준을 가지고 이를 전달할지 말지 판단합니다. 만약 전달받은 신호의 세기가 해당 뉴런의 기준보다 더 높다면 신호를 전달하고, 그렇지 않다면 그 신호를 다음 뉴런으로 보내지 않습니다.

이러한 방식으로 천억 개의 뉴런은 서로 연결되어 있습니다. 신호를 다음 뉴런으로 전달하는지, 아닌지가 우리의 생각과 행동의 시작인 것입니다. 그리고 이렇게 뉴런이 모여 서로 연결된 것을 '신경망'이라고 합니다.

수많은 뇌 과학자가 밝힌 이 신경망의 원리를 컴퓨터 과학자들은 인공지능에서 사용하기 시작하였습니다. 신경망의 원리를 흉내 낸 인공 신경망을 개발하기 시작한 것입니다. 다음에 설명할 '퍼셉트론'이 바로 인공 신경망의 초창기 모습입니다.

잠 깐 만 요

커넥톰 프로젝트

최근 뇌 과학자들의 연구에 따르면, 사람의 뇌 속에 있는 천억 개 이상의 뉴런이 어떤 구조로 연결되는지에 따라 기억이 형성되고 성격 그리고 생각까지 만들어진다고 합니다.

이 분야에서 가장 활발한 연구를 진행하고 있는 메사추세츠공대(MIT) 교수인 승현준 박사는 이러한 연결을 지도로 만드는 프로젝트를 진행 중입니다. '커넥톰(Connectome)'이라고 부르는 뇌의 지도를 만든다면 우울증, 치매, 자폐증 등 다양한 질환의 치료법을 발견할 수 있다고 보고 있습니다.

2 퍼셉트론과 인공 신경망

지금으로부터 약 60년 전인 1957년 프랑크 로젠블라트(Frank Rosenblatt)가 퍼셉트론이라는 개념을 세상에 발표하였습니다. '퍼셉트론(Perceptron)'은 앞에서 말한 신경망을 모방하여 만든 개념입니다. 이를 사용하여 오늘날 인공지능의 능력이라 여기는 학습과 인식이 가능해졌습니다. 퍼셉트론의 개발은 인공 신경망을 사용하여 여러 문제를 해결할 수 있다는 기대와 희망을 주었으며, 그로 인해 인공지능 연구가 폭넓게 이루어졌죠.

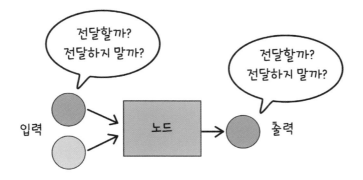

▲ 당뇨병을 예측하는 퍼셉트론

퍼셉트론은 다양한 데이터 속에서 특정한 패턴을 찾을 수 있는 능력을 가지고 있습니다. 바로 '선을 그을 수 있는 능력'입니다. 특정한 데이터가 선 위에 있는지 아니면 선 아래에 있는지에 따라 구분할 수 있습니다.

하지만 이 퍼셉트론은 중대한 문제점이 있었습니다. 아이러니하게도 바로 패턴을 인식할 때 직선으로만 구분을 할 수 있다는 것이죠. 또한 컴퓨터의 작동 원리인 모든 논리 회로를 설명하지 못한다는 치명적인 한계도 있었습니다.

> **TIP**
> 컴퓨터는 0과 1, 단 두 개의 정보만을 출력하고 읽을 수 있습니다. 0과 1을 어떤 방식으로 만드는지에 대한 다양한 규칙을 '논리 회로'라고 합니다.

▲ 곡선 그래프 상에서는 당뇨병을 예측하지 못하는 퍼셉트론

이를 해결하기 위해 퍼셉트론을 여러 개 쌓은 다층 퍼셉트론을 개발하였습니다. 이를 통해 곡선을 그어 문제를 해결할 수 있었지만, 층이 많아질수록 정확한 선을 그을 수 없다는 한계점이 있었습니다.

퍼셉트론이라는 개념이 처음 나왔을 때는 현실 세계의 다양한 문제를 해결하는 인공지능을 개발할 수 있다고 생각했습니다. 하지만 치명적인 한계점이 있다는 사실은 사람들의 인공지능에 대한 흥미나 기대를 꺾어버리기에 충분하였습니다. 그리고 이로 인해 인공지능의 연구와 관심이 급격하게 줄어들었지요.

그럼에도 불구하고 다양한 컴퓨터 과학자들은 인공지능에 대한 연구를 지속적으로 이어왔습니다. 사람이 가지고 있는 전문적인 지식을 컴퓨터에 기억시켜서, 일반인들도 전문 지식을 이용할 수 있도록 하는 전문가 시스템을 사용한 인공지능을 개발하였지요. 이후 데이터를 사용하여 인공지능을 만드는 머신러닝을 개발하기에 이르렀습니다. 가장 최근에는 퍼셉트론에 기초를 둔 '딥러닝(Deep-Learning)'이 탄생하였습니다. 오늘날 인공지능 기술 중 가장 큰 관심을 받고 있는 딥러닝은 바로 퍼셉트론의 후손입니다.

3 딥러닝

딥러닝은 퍼셉트론이 모방한 신경망의 원리를 사용하여 조금 더 사람의 뇌와 비슷하게 만든 기술입니다. 퍼셉트론은 신경망을 하나의 층으로만 구성하였습니다. 딥러닝은 그 이름에서도 볼 수 있듯이 신경망을 하나의 층으로만 구성한 것이 아니라 여러 층으로 구성합니다.

퍼셉트론이 하나의 뉴런을 모방하였다면, 딥러닝은 우리 뇌와 같이 수많은 뉴런이 모인 것을 모방하였습니다.

이러한 여러 층을 가진 신경망 역시 퍼셉트론처럼 정확한 결과가 나오지 않는다는 한계점이 있었습니다. 하지만 인공지능의 대가인 제프리 힌튼(Geoffrey Hinton) 교수가 오차역전파법(backpropagation)이라는 기술을 통해 이 문제를 해결하였습니다. 드디어 이 기술을 바탕으로 오늘날과 같은 딥러닝이 그 빛을 볼 수 있게 되었습니다.

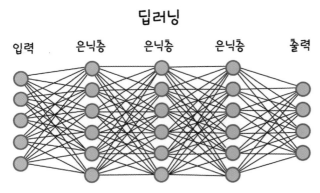

▲ 깊은 층을 가진 딥러닝

과거에는 딥러닝을 사용하면 컴퓨터가 계산해야 할 내용이 급격하게 많아지기 때문에 좋은 성능의 컴퓨터가 필요하다는 제약이 있었지만, 오늘날 하드웨어 기술의 발달과 인공지능 과학자들의 끊임없는 연구를 통해 이 문제는 어느 정도 해결되었습니다.

사실 딥러닝은 머신러닝이라는 큰 기술 범위 중 하나입니다. 머신러닝(Machine Learning)은 말 그대로 '기계가 학습한다'는 의미로 인공지능이 스스로 학습하면서 지식을 얻는 기술입니다. 머신러닝은 일반적인 프로그래밍과는 다르게, 데이터를 사용하여 인공지능이 스스로 학습할 수 있도록 만드는 기술을 의미합니다. 이러한 머신러닝이 개발되기 시작하면서 데이터의 중요성 또한 커졌습니다.

머신러닝에는 나이브 베이즈 분류, 의사 결정 트리, 서포트 벡터 머신 등 다양한 기법들이 있습니다. 이 다양한 기법들 중 하나가 바로 딥러닝이죠. 딥러닝 역시 데이터를 사용하여 인공지능을 학습시키기 때문에 머신러닝의 일부라고 볼 수 있습니다. 하지만 딥러닝의 성능이 다른 머신러닝의 성능보다 크게 앞서기 시작하면서 머신러닝 기술은 딥러닝 이전과 이후의 기술로 구분되고 있습니다.

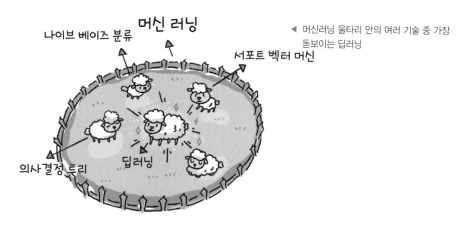

◀ 머신러닝 울타리 안의 여러 기술 중 가장 돋보이는 딥러닝

지금까지 인공지능 기술이 어떠한 과정을 통해 발전되었는지 살펴보았습니다. 사실 이 내용은 쉽게 이해할 수 있는 간단한 개념이 아닙니다. 만약 여러분이 앞의 내용을 읽고 인공지능의 발전사를 어렴풋하게나마 이해하였다면 성공입니다.

여기에서 중요한 점은 컴퓨터 과학자들이 인공지능을 발전시키기 위해 인간의 뇌를 연구하였다는 점입니다. 인간의 뇌가 어떻게 구성되어 있는지 탐구하여 인공 신경망을 개발하였고, 그 결과 오늘날 가장 획기적인 기술 중 하나인 딥러닝의 탄생이 이루어진 것이죠.

Unit 4에서는 이러한 인공지능의 발전 속에서 인류에게 신선한 충격을 가져다 준 유명한 인공지능들을 살펴보겠습니다.

세상을 바꾼 인공지능

ARTIFICIAL INTELLIGENCE FOR EVERYONE

여러분은 '알파고'에 대해 들어본 적이 있나요? 아마 그럴 것입니다. 그렇다면 혹시 '왓슨'은 들어봤나요? 알파고와 왓슨은 모두 인공지능 프로그램입니다. 그리고 인간의 역사에 한 획을 그은 인공지능이기도 합니다. 이번 장에서는 이렇게 역사의 한 페이지를 장식한 인공지능 프로그램에 대해서 살펴보겠습니다.

 1   알파고

인공지능에 관심이 없더라도 알파고(Alpha Go)라는 이름은 한 번쯤 들어봤을 것입니다. 바둑을 의미하는 고(Go)라는 말에서 알 수 있듯이 알파고는 구글 딥마인드(Google DeepMind)라는 회사에서 개발한 인공지능 바둑 프로그램입니다.

알파고가 유명해지게 된 데에는 여러 가지 이유가 있지만, 가장 큰 이슈가 된 사건이 바로 우리나라의 이세돌 9단과 5번의 공개 대국에서 4승 1패의 성적으로 알파고가 승리한 것입니다.

뉴스에서 봤던 대국 모습을 떠올려 볼까요? 알파고와 이세돌이 마주 앉아 대국을 합니다. 알파고가 어디에 바둑돌을 놓을지 말하면, 사람이 바둑돌을 그 위치에 놓는 역할을 합니다. 인공지능이 사람에게 명령을 내리면 사람이 그대로 움직이는 흔치 않은 상황이지요.

잠깐만요

알파고가 체스가 아닌 바둑 대결을 한 이유

딥마인드가 개발한 프로그램의 주제는 왜 장기나 체스가 아닌 바둑이었을까요? 왜냐하면 체스는 이미 1997년 IBM에서 개발한 슈퍼컴퓨터인 딥블루(Deep Blue)가 세계 체스 챔피언인 가리 카스파로프(Garry Kasparov)를 상대로 승리를 거두었기 때문입니다.

이 사건이 있기 1년 전인 1996년 체스 대결에서는 카스파로프가 3번 이기고 딥블루는 1번밖에 이기지 못했습니다. 이에 IBM에서는 조금 더 성능이 향상된 디퍼 블루(Deeper Blue)를 개발하였습니다. 디퍼 블루는 다시 한 번 카스파로프와 대결을 하였으며, 최종 전적 2승 3무 1패의 성적을 거두었습니다. 바로 이 대결을 통해 체스 대결에서 인간을 이긴 첫 번째 컴퓨터가 탄생한 것이지요.

체스 챔피언인 카스파로프는 10수 정도를 내다본다고 합니다. 이때 '수를 내다본다'는 것은 내가 말을 옮겼을 때 상대방이 어떻게 움직일지 예측한 후 나는 어떻게 움직일 것인지 꼬리에 꼬리를 물고 여러 단계로 생각하는 것을 의미합니다. 그리고 내다 보는 단계의 수에 따라 '몇 수를 내다본다'라고 말합니다.

체스 챔피언은 10수 정도를 내다보았지만, 놀랍게도 디퍼 블루는 12수 정도를 내다볼 수 있었습니다. 이러한 숫자만 봐도 인간이 컴퓨터를 이기기가 쉽지 않다는 것을 알 수 있겠죠?

가로, 세로 19줄인 바둑판에서 돌을 놓을 수 있는 모든 경우의 수는 $2^{10,170}$이라고 합니다. 이는 천체물리학에서 말하는 우주 전체의 원자 개수 $12^{1,078}$보다도 더 큰 수입니다. 그렇기 때문에 4,000년 동안 한 번도 같은 대국이 나온 적이 없다는 이야기도 있습니다.

그렇다면 인간을 이긴 알파고의 능력은 어느 정도일까요? 프로 바둑 기사는 초당 100개의 경우의 수를 생각할 수 있다고 합니다. 하지만 알파고는 초당 100,000개의 경우의 수를 검색할 수 있다고 합니다.

물론 이러한 계산 능력만을 기준으로 알파고를 최고의 인공지능이라 부르는 것은 아닙니다. 사실 체스 프로그램인 딥블루 컴퓨터는 초당 2억 개에 달하는 경우의 수를 검색하였다고 합니다. 바둑보다 체스의 경우의 수가 더 적기 때문에 딥블루는 모든 경우의 수를 검색할 수 있었습니다. 하지만 바둑은 아무리 성능이 좋은 컴퓨터라도 우주 전체의 원자의 수보다 많은 모든 경우의 수를 파악할 수 없습니다. 여기에서 바로 인공지능의 진가가 발휘되죠.

알파고는 여러 프로기사들이 지금까지 대국한 기보(바둑 지도)를 보고 바둑을 학습하였습니다. 상대방이 어떤 수를 두었을 때 그 다음 수를 어떻게 두는지 학습한 것이죠.

이러한 학습을 통해 앞으로 두어야 할 돌에 대한 경우의 수를 획기적으로 줄일 수 있었습니다. 즉, 모든 경우의 수를 계산할 필요가 없어진 것입니다. 이와 같이 알파고는 이때부터 최선의 경우의 수를 검색해 나가는 전략을 가졌습니다. 이렇게 인간과 비슷하게 학습을 통해 성장하는 인공지능인 알파고는 바둑에 있어 더 이상 적수가 없습니다. 심지어 프로 바둑 기사들이 알파고의 바둑 기보를 보고 공부한다는 말이 나올 정도입니다.

알파고의 개발자인 데미스 하사비스(Demis Hassabis)는 2017년 5월에 열린 커제 9단과의 대국 이후 더 이상의 바둑 대결은 없다고 못 박았습니다. 딥마인드는 스타크래프트 게임과 3D 슈팅 게임인 퀘이크 3에도 도전하였습니다. 스타크래프트 게임과 3D 슈팅 게임인 퀘이크 3는 순간적인 판단 능력과 치밀한 전략이 요구되는 게임입니다. 이 게임에서 프로 게이머와의 대결에서도 승리하였다고 하니 놀라울 따름입니다.

이제 알파고는 바둑이 아닌 의료, 무인 자동차, 개인 비서로 그 역할을 확대하고 있습니다. 과연 알파고의 미래는 어떤 모습일까요? 상상이 되나요?

2 왓슨

다음으로 소개할 역사적인 인공지능은 IBM의 왓슨(Watson)입니다. IBM은 역사상 최초로 인간을 이긴 체스 프로그램인 딥블루를 개발한 회사입니다. 이 딥블루의 성공 이후 IBM은 새로운 도전을 시작했습니다. 바로 인간의 지능에 도전하는 인공지능을 개발하는 것이었죠. IBM은 인공지능의 목표를 '퀴즈 쇼 제퍼디!(Jeopardy!)'에 출전하여 우승하는 것으로 설정하였습니다.

"퀴즈를 맞히는 도전이 뭐가 어렵나요?"라고 할 수 있지만, 퀴즈의 정답을 맞히려면 사회자가 들려주는 퀴즈를 듣고, 그 의미가 무엇인지 정확하게 파악해야 합니다. 그래야 알맞은 답을 알아낼 수 있으니까요. 다시 말해, 퀴즈를 맞힐 수 있다는 것은 컴퓨터가 단순히 계산만 하는 기존의 컴퓨터*에서 한 걸음 더 나아간다는 것을 의미합니다. 이제 컴퓨터가 사람의 언어를 이해하여 질문의 의도를 정확하게 파악하고 문맥을 이해한다고 볼 수 있는 것이죠.

---

* 컴퓨터(computer)는 계산하다(compute)라는 어원에서 나온 '계산하는 기계'라는 뜻입니다.

그 결과 IBM은 제퍼디에서 우승하기 위한 인공지능 컴퓨터를 개발하였고, 이름을 '왓슨'이라 지었습니다. 그리고 왓슨은 퀴즈 쇼에서 우승하기 위해 세상의 모든 지식을 공부하기 시작하였습니다. 하지만 왓슨 개발자들은 왓슨이 제퍼디 퀴즈 쇼에서 쉽게 우승하는 것을 바라지 않았나 봅니다. 왓슨의 경쟁자로 제퍼디 퀴즈 쇼 74회 연속 우승자인 켄 제닝스(Ken Jennings)와 역대 최대 상금을 획득한 브래드 루터(Brad Rutter)를 초청한 것을 보면 말이죠. 심지어 경기 중 왓슨은 인터넷에 연결되어 있지도 않았습니다.

제퍼디 퀴즈 쇼는 사회자가 어떤 영역과 관련된 질문을 하면 정답을 알고 있는 사람이 먼저 부저를 눌러 정답을 외치는 방식으로 진행됩니다. 부저를 누른 사람은 "정답은(What is…) 무엇입니다."라고 말합니다.

제퍼디 퀴즈 쇼의 퀴즈들은 단순한 지식만 가지고는 해결하기 어렵습니다. 문맥을 정확하게 이해하는 능력이 필수이지요. 자, 그럼 쟁쟁한 경쟁자들과의 대결 결과는 어땠을까요?

켄 제닝스는 2만 4천 달러의 상금을, 브래드 루터는 2만 1,600달러의 상금을 획득했습니다. 이에 반해 왓슨은 무려 7만 7,140달러의 상금을 획득하였습니다. 왓슨이 제퍼디 퀴즈 쇼의 걸출한 2명의 스타를 큰 차이로 이긴 것입니다.

물론 왓슨도 사람처럼 가끔 실수를 하였습니다. 어려운 문제는 잘 맞췄던 왓슨이 '제2차 세계대전의 영웅 이름을 딴 공항이 있는 미국의 도시'를 묻는 질문에 '토론토'라고 답해서 방청객들을 웃게 만들기도 하였습니다. 정답은 '시카고'였지만 캐나다의 도시인 토론토를 정답이라 외쳐버린 것이죠. 이렇게 왓슨이 간혹 실수를 하기도 하였지만, 그 실력이 다른 두 명의 경쟁자와는 비교가 되지 않았습니다.

그렇다면 지금은 왓슨이 어느 정도로 발전했을까요? 제퍼디 퀴즈 쇼에서 우승한 왓슨은 거기서 멈추지 않고 의학, 금융, 유전학 등 다양한 분야로 발전하고 있습니다. 우리가 둘째 마당에서 배울 인공지능 체험 또한 IBM 왓슨의 서비스를 사용합니다.

지금까지 역사적으로 유명한 인공지능인 알파고와 왓슨을 살펴보았습니다. 두 인공지능은 모두 기계가 인간을 이기지 못할 것이라고 생각하는 영역에서 인간의 수준을 뛰어넘은 최초의 기계입니다.

사람의 뇌에서 영감을 받아 발전한 인공지능이 이제 사람의 능력을 뛰어넘기 시작한 것입니다. 하지만 인공지능이 모든 영역에서 사람보다 뛰어날 것이라는 걱정은 하지 않아도 됩니다. 예를 들어, 운동 신경이 좋은 사람은 테니스도 잘 치고 배드민턴도 잘 치지만, 인공지능은 테니스를 잘 친다고 해서 배드민턴을 잘 치지는 못합니다. 테니스와 배드민턴은 각각의 종목이라 따로따로 배워야 하기 때문이죠. 이렇듯 사람은 하나를 배워 다른 영역에 쉽게 적용할 수 있지만, 인공지능은 사람에 비해 그러한 능력이 부족합니다. 이 부분은 앞으로 인공지능이 해결해야 할 영역이라고 많은 인공지능 과학자들이 말하기도 합니다.

앞으로도 인간의 영역을 뛰어넘은 인공지능들이 많이 등장할 것으로 예상합니다. 다음 장에서는 이러한 인공지능이 어떻게 학습하는지 살펴보겠습니다.

지도 학습과 비지도 학습

ARTIFICIAL INTELLIGENCE FOR EVERYONE

귀여운 고양이가 눈앞에 있습니다. 우리는 이 고양이를 보고 '우와! 여기 귀여운 고양이가 있네!'라고 생각할 것입니다. 우리의 눈이 고양이의 형상을 뇌로 전달하고, 뇌는 전달된 형상을 고양이로 판단하는 것이죠. 이러한 사고 과정을 '인지'라고 합니다.

오늘날의 인공지능은 이러한 인지의 과정을 잘 수행합니다. 그것도 학습을 통해서 인지를 할 수 있죠. 이번 장과 다음 장에서는 데이터를 사용하여 인공지능을 개발하는 머신러닝에서, 어떠한 과정을 통해 인공지능을 만드는지에 대해서 살펴보겠습니다.

▲ 지도 학습(왼쪽)과 비지도 학습(오른쪽)

 하나씩 가르쳐줄게! 지도 학습

먼저 '지도 학습'에 대해서 살펴봅시다. 지도 학습이라고 하니 뭔가 어색하죠? 아마 단어의 뜻이 와 닿지 않아서일 것입니다. 지도의 의미를 국어사전에서 살펴보면 '어떤 목적이나 방향으로 남을 가르쳐 이끎'이라고 나옵니다. 즉, 지도 학습은 인공지능을 직접 누군가가 가르치고 이끄는 학습 방식입니다.

지도 학습의 영어 명칭은 Supervised Learning입니다. '누군가를 지도한다', '감독한다'는 의미의 Supervised(슈퍼바이즈드)와 '학습'이라는 뜻의 Learning(러닝)이 결합된 형태입니다. 즉, 학습할 때 어떤 식으로 학습하는지를 누군가 계속 가르치고 감독한다는 의미입니다. 그렇기 때문에 지도 학습을 '감독 학습'이라고도 부릅니다.

지도 학습은 인공지능 영역에서도 '무엇인가를 인공지능에게 가르친다'는 것을 말합니다. 그렇다면 누가, 어떻게, 무엇을 인공지능에게 알려주는 걸까요? 답은 조금 뒤에 알게 됩니다.

인공지능이 잘 할 수 있는 것 중 하나는 사물의 이미지를 판단하는 것입니다. 강아지와 고양이가 함께 있는 사진을 보고 무엇이 강아지이고 고양이인지 판단하거나, 환자의 CT를 보고 '이것은 암이다, 암이 아니다'와 같이 판별할 수 있는 것처럼 말이죠. 이렇게 판별을 할 때 지도 학습 방법이 사용됩니다. 그렇다면 인공지능은 처음부터 강아지와 고양이 또는 암과 암이 아닌 것을 구별할 수 있을까요? 그렇지 않습니다. 처음 상태의 인공지능은 마치 어린 아이와 같아서 아무것도 알지 못합니다. 그렇기 때문에 이러한 인공지능에게 "이것은 강아지니? 고양이니?"라고 물어도 정확한 대답을 할 수 없습니다.

인공지능을 똑똑하게 만들기 위해 인공지능이 강아지 사진을 학습할 때 "이것은 강아지야."라고 말해 주고, 고양이 사진을 학습할 때 "이것은 고양이야."라고 말해주는 것이죠. 감독자의 입장에서 인공지능에게 하나씩 학습시키는 것을 바로 지도 학습이라고 합니다.

그렇다면 누가 이 감독자의 역할을 하는 것일까요? 바로 '데이터'입니다. 인공지능에게 데이터를 제공할 때 '강아지 사진'과 강아지라는 '명칭'을 한 쌍으로 묶어서 제공합니다. 마찬가지로 '고양이 사진'과 고양이라는 '명칭'을 한 쌍으로 묶어 제공하겠죠. 이때 강아지와 고양이의 사진은 서로 다르고 수많은 종류가 있지만, 강아지와 고양이라는 명칭은 일정합니다. 전문적인 용어로 명칭을 '레이블(Label)'이라고 부릅니다.

이제 이러한 형태의 데이터를 인공지능에 입력하여 학습시키면 인공지능은 각 사진의 특성에 강아지와 고양이라는 명칭을 사용하여 학습을 진행합니다. 다양한 강아지 사진들을 보며 강아지만의 특성을 찾아내고, 마찬가지로 다양한 고양이 사진들을 보며 고양이만의 특성을 찾아냅니다. 이러한 수많은 데이터를 사용하여 학습한 인공지능에게 새로운 사진을 주면서 "이것은 고양이야? 아니면 강아지야?"라고 묻는다면 인공지능은 학습한 내용을 바탕으로 답을 말할 수 있습니다.

2 네가 알아서 배우렴! 비지도 학습

다음으로 비지도 학습에 대해서 알아보겠습니다. 비(非)지도 학습은 지도 단어 앞에 '아니다' 는 의미의 한자어 非가 붙어 있습니다. 영어로는 Unsupervised Learning이며, 반대라는 의미 의 접두사 Un이 붙었죠. 단어에서 볼 수 있듯이 비지도 학습은 지도하지 않는 학습 방법입 니다. 지도 학습에서는 데이터에 명칭, 즉 레이블을 붙여서 직접 가르치며 학습시켰지만, 비 지도 학습에는 이러한 과정이 없습니다. 그렇다면 비지도 학습에서의 인공지능은 과연 어떻 게 학습하는 것일까요?

지도 학습과 똑같이 고양이와 강아지를 학습한다고 해 봅시다. 여기서 달라지는 것은 바로 지도를 해주느냐 아니냐 입니다. 지도 학습에서는 지도를 해주는 주체가 누구였을까요? 바 로 데이터 그 자체입니다. 데이터에 정답이 있기 때문에 지도를 해줄 수 있는 것이지요. 하 지만 비지도 학습에서 사용하는 데이터에는 정답이 없습니다. 즉, 비지도 학습의 가장 큰 특 징은 정답이 없는 데이터로 학습을 한다는 것입니다.

지도 학습에서 인공지능이 학습할 때 "이것은 강아지고, 이것은 고양이야."라고 말해주었다 면, 비지도 학습에서는 이러한 말을 해주지 않습니다. 그 대신 인공지능이 여러 사진을 비교 하며 스스로 형태를 나눕니다. 이때 인공지능이 두 가지 종류로 형태를 나누겠다는 목표가 있다면 높은 확률로 강아지는 강아지대로, 고양이는 고양이대로 구분합니다.

만약 강아지와 고양이 사진으로 두 가지 종류를 구분하지 않고 세 가지, 네 가지 종류로 구분 한다면 어떻게 될까요? 아마 강아지와 고양이의 종별로 구분할 수도 있겠죠?

이러한 비지도 학습은 지도 학습의 단점을 보완하는 중요한 역할을 합니다. 지도 학습이 가능한 상황은 모범 답안이 있을 때입니다. 만약 미지의 상황, 즉 모범 답안이 없는 상황에서는 지도 학습을 사용할 수 없습니다. 그리고 현실의 여러 문제를 분류하는 문제에서는 답이 없는 경우가 더 많습니다. 이러한 상황에서 비지도 학습은 아주 유용합니다. 예를 들어 사진에서 사람의 얼굴을 판별하여 사람별로 사진을 정리해 주는 인공지능을 살펴봅시다. 이 인공지능은 처음에는 각 사람의 얼굴 특징을 바탕으로 사람들을 구별하기 시작합니다. 이때에는 비지도 학습 방식을 사용합니다. 누가 누구인지 지도하는 사람이 없어도, 얼굴의 특징만을 바탕으로 구별하는 것이죠. 그 다음에는 구분한 사진을 사용자에게 보여주며 확인을 받습니다. 이러한 과정을 통해 비지도 학습 방식의 정확도를 높일 수 있습니다.

사람이 제시한 모범 답안을 바탕으로 학습한 인공지능에게 이 모범 답안을 만든 사람 이상의 능력을 기대하기란 어렵습니다. 하지만 비지도 학습을 통해 스스로 특징을 찾아 구별한 인공지능은 사람이 구별하는 것과는 차별화된 성능을 보여줄 수 있다는 가능성이 있습니다. 그렇기 때문에 인공지능의 학습 방식에서 비지도 학습 또한 지도 학습 못지 않게 중요한 부분을 차지합니다.

지금까지 인공지능의 학습 방식인 지도 학습과 비지도 학습에 대해 살펴봤습니다. 모범 답안이 있는지 없는지에 따라 구분되는 이 학습 방식은 전통적인 인공지능의 기술인 머신러닝에서 주로 사용되어 왔습니다. 다음 장에서는 또 다른 학습 방식인 '강화 학습'에 대해 살펴보겠습니다.

UNIT 06

시행착오로 배우는 강화 학습

ARTIFICIAL INTELLIGENCE FOR EVERYONE

빨간색 모자에 파란색 멜빵바지 그리고 인상 좋은 미소를 머금은 콧수염 아저씨, 바로 마리오입니다. 배관공인 마리오는 괴물 쿠파에게 납치당한 피치 공주를 구하기 위해 모험을 떠납니다. 이것은 전 세계적으로 유명한 게임인 슈퍼마리오 이야기입니다.

슈퍼마리오는 1985년에 처음으로 공개된 이후 지금까지도 사랑을 받고 있는 스테디셀러 게임입니다. 그렇다면 슈퍼마리오 게임을 잘하는 비결은 무엇일까요? 바로 여러 번 해보는 것입니다. 당연한 소리라고요? 지금부터 소개할 강화 학습이 바로 여러 번 해본다는 것과 아주 큰 관련이 있습니다.

◀ 강화 학습의 예

1 시행착오를 거치는 학습

슈퍼마리오 게임은 기본적으로 마리오를 움직여서 여러 장애물을 피하고 적들을 물리쳐서 제한 시간 안에 목표 지점까지 가는 방식입니다. 이때 마리오가 장애물을 피하고 적을 물리치는 방법은 단 한 가지, 바로 점프입니다. 그리고 다른 여러 게임과는 다르게 슈퍼마리오 게임에는 체력 항목이 없습니다. 그렇기 때문에 마리오가 적이나 위험한 장애물에 닿으면 바로 죽으며, 생명이 하나 줄어듭니다. 그리고 물음표 블록을 점프로 두드려서 나오는 버섯을 먹으면 키가 두 배로 커지는 슈퍼마리오가 됩니다. 더 빨라지고 몸집이 커져서 동전도 더 많이 먹을 수 있죠. 더구나 장애물이나 적과 부딪혀도 죽지 않고 작은 마리오로 되돌아갈 뿐입니다.

▲ 슈퍼마리오 게임 (출처: 슈퍼마리오)

처음에 아무런 정보 없이 게임을 시작하면 금방 끝나버릴 것입니다. 어떻게 적을 물리쳐야 하는지, 장애물은 어떻게 피하는지 그리고 슈퍼마리오가 되려면 어떻게 버섯을 먹어야 하는지 잘 모르기 때문이죠. 하지만 게임을 한 번, 두 번 하다 보면 게임 방법을 차차 터득하게 됩니다.

그렇다면 게임을 잘하는 방법을 알게 되는 과정을 살펴볼까요? 우리에게는 목표가 있습니다. 그 목표는 시간 안에 목표 지점으로 가는 것입니다. 이 목표를 이루기 위해서는 장애물에 걸려 죽지 않아야 합니다. 슈퍼마리오 게임에는 절벽 장애물이 있습니다. 이 절벽 장애물을 점프하지 않고 그냥 지나간다면 절벽으로 떨어져서 목숨을 하나 잃습니다. 목숨을 잃지 않기 위해 다음부터는 절벽이 나오면 점프를 하겠지요?

그리고 처음에는 슈퍼마리오가 될 수 있는 버섯이 어디에 있는지 전혀 알지 못하지만, 게임을 하면서 어떤 상자에 들어있을지 여러 번 시도하다보면 알게 됩니다. 처음에는 몰랐던 게임을 계속 하면서 실수도 하고, 목숨도 잃어보는 시행착오를 거쳐 게임하는 방법을 배워나가는 것이지요.

게임 방법을 배우는 과정이 비단 슈퍼마리오 게임에서만 적용되는 것은 아닙니다. 게임 영역 밖에서도 일어나는 인간의 자연스러운 학습 과정입니다. 인간이 생각하는 방법을 모방한 인공지능도 이러한 시행착오 속에서 학습하고 있습니다. 이것이 바로 '강화 학습'입니다.

2 강화 학습의 다양한 사례

강화 학습(Reinforcement learning)은 앞에서 소개한 지도 학습이나 비지도 학습의 방식과는 전혀 다릅니다. 강화 학습의 핵심 단어는 바로 '시행착오'입니다. 강화 학습을 위해서는 달성하고자 하는 목표와 그 목표를 달성하기 위한 보상이 필요합니다. 이 두 가지 조건이 충족되면 강화 학습 방식의 인공지능은 스스로 보상을 최대로 받으며 목표를 달성해 나갑니다.

강화 학습은 예전부터 연구되어 왔던 기술이지만, 딥러닝과 만나면서 그 잠재력이 폭발하였습니다. 강화 학습과 딥러닝의 극적인 만남을 이룬 기업이 바로 앞에서도 언급한 알파고를 만든 딥마인드입니다. 딥마인드에서는 알파고를 만들기 전에 자신들이 만든 딥러닝 기반 강화 학습 기법을 검증하기 위해 1970년대에 유행하였던 아타리 2600(Atari-2600)의 다양한 게임을 인공지능에게 학습시켰습니다. 고전 게임인 벽돌 깨기 또한 그 중에 포함되어 있었습니다.

벽돌 깨기의 게임 방법은 간단합니다. 좌우로 움직일 수 있는 막대(bar)로 공을 튕겨 위쪽에 있는 벽돌을 모두 깨는 것입니다. 벽돌을 모두 깨면 승리하고, 공을 하나라도 떨어트리면 지는 규칙이지요.

◀ 벽돌 깨기 게임

딥마인드에서는 마침내 강화 학습 방식으로 벽돌 깨기 인공지능을 만들었습니다. 게임에서 승리하는 것을 규칙으로 여러 번의 시행착오를 거치도록 계속하여 훈련시켰습니다. 처음 인공지능을 훈련시킬 때만 하더라도 공을 따라가지 못해서 금방 게임이 끝나는 등 초보적인 실수를 자주 하였습니다. 하지만 10분, 30분, 200분 이상 계속되는 시행착오를 거치면서 학습한 인공지능은 사람은 도저히 따라갈 수 없는 속도와 정확도로 게임을 진행하게 되었죠.

벽돌 깨기 게임에서 중요한 전략 중 하나는 공을 벽돌 사이로 집어넣는 것입니다. 그러면 공을 튕기지 않더라도 공이 알아서 벽돌을 많이 깨고 내려오기 때문에 더 빨리 그리고 안전하게 게임에서 승리할 수 있습니다. 누가 이러한 전략을 알려주지 않아도 인공지능은 여러 번의 시행착오를 거쳐 스스로 가장 좋은 전략을 학습한 것입니다. 놀랍지 않나요?

하나의 알고리즘으로 49개 게임에 적용한 결과 거의 모든 경우에서 기존 알고리즘들의 성능을 뛰어 넘었으며, 29개 게임에서는 사람이 하는 수준을 넘어섰다고 합니다.

이제 이런 게임은 시시하군.
좀 더 어려운 것 없나요?

간단한 게임에서 강화 학습의 가능성을 확인한 딥마인드에서는 이제 바둑으로 눈을 돌립니다. 그 결과로 만든 작품이 바로 Unit 4에서 얘기한 알파고입니다. 알파고는 한마디로 바둑을 잘 학습한 인공지능이었습니다. 알파고를 만든 딥마인드에서는 알파고에게 프로 바둑 기사의 기보를 바탕으로 바둑을 두는 방법을 알려주었습니다. 그 다음에는 알파고끼리 서로 대결을 벌였습니다. 대결이 진행될수록 어떻게 하면 이길 수 있는지에 대해서 알파고 스스로 학습을 진행한 것이지요.

강화 학습을 사용한 인공지능의 사례를 조금 더 살펴보겠습니다. 먼저 보스턴 다이나믹스(Boston Dynamics)가 만든 인공지능 로봇 아틀라스(Atlas)입니다. 뒤로 한 바퀴 덤블링을 할 수 있는 로봇으로 유명한 보스턴 다이나믹스의 2족 보행 로봇 아틀라스는 이미 유튜브에서 인기 스타입니다.

장애물을 두 발로 점프하여 건너뛰며 옆으로 한 바퀴 돌아서 착지하고, 심지어 뒤로 한 바퀴 돌아서 장애물을 내려오는 모습이 정말 인상적입니다. 이 로봇의 특징은 사람과 같이 두 팔로 균형을 잡는다는 것인데요. 심지어 두 팔로 균형을 잡는 방법은 누가 알려 준 것이 아니라 스스로 학습을 한 결과라고 합니다.

연구원들은 아틀라스에게 점프와 달리기를 학습시킬 때 한 가지 규칙을 주었습니다. 그 규칙은 바로 "넘어지지 말라!"입니다. 로봇은 장애물을 극복할 때 이 규칙을 꼭 지켜야 합니다. 만약 그 규칙을 지켜서 도착점까지 간다면 보상 점수를 줍니다. 그렇지 않고 중간에 넘어진다면 보상은 없습니다. 이 규칙에 따라 로봇은 계속적인 시행착오를 거쳐 도착점까지 무사히 가는 방법을 학습하였다고 합니다.

자율 주행 자동차에서도 강화 학습 방법을 사용합니다. 자율 주행 관련 인공지능 소프트웨어 스타트업인 웨이브(Wayve.ai)는 어린 아이가 자전거 타는 방법을 터득하듯이 자동차 스스로 운전하는 방법을 학습하는 기술을 개발하였습니다.

자동차의 탑승자는 길에서 자동차가 벗어나거나 방향이 틀어지는 상황만 교정해 주었습니다. 그렇게 수 차례 교정이 반복되자 학습을 시작한 지 15~20분 만에 인공지능 자동차는 스스로 차선을 따라 운전하기 시작하였습니다. 직진뿐만 아니라 커브길도 문제없이 지나갈 수 있었습니다.

TIP 자율 주행 자동차에 대해서는 Unit 7에서 더 자세히 설명합니다.

지금까지 규칙에 따라 스스로 학습을 진행하는 강화 학습에 대해 알아보았습니다. 이러한 강화 학습은 인공지능 기술에서 상당히 주목 받고 있으며, 기술 발전 또한 빠른 속도로 이루어지고 있습니다. 하지만 몇몇 전문가는 강화 학습이 마치 인공지능 기술의 해답인 것처럼 보는 것에 우려를 나타내기도 합니다.

강화 학습은 이기고 지는, 즉 승패가 있는 게임에서 유용합니다. 앞에서도 다루었지만 지금의 인공지능은 한 종목에서 학습한 내용을 다른 종목에 적용하기가 어렵습니다. 바둑으로 알파고를 이길 수 있는 상대가 이 지구상에는 더 이상 없지만, 그 알파고에게 체스를 시킨다면 결과는 달라질 것입니다. 하지만 사람은 다르죠. 체스를 잘 하는 사람은 기본적인 바둑에서도 그 실력이 잘 나타날 수 있습니다.

이러한 한계를 지적한 앤드류 응(Andrew Ng) 박사는 강화 학습이 인공지능의 모든 해결 방법이 아니며, 사람과 같이 어느 한 분야에서 얻은 지식을 다른 분야에도 적용할 수 있는 전이 학습(Transfer Learning) 기법 연구가 필요하다고 하였습니다.

이러한 우려에도 불구하고 강화 학습은 로봇, 자율 주행 자동차 등 다양한 방면에서 사용되고 있는 인공지능의 대표적인 기술이라는 것은 틀림 없습니다.

07 생활 속으로 들어온 인공지능

ARTIFICIAL INTELLIGENCE FOR EVERYONE

우리 사회에 영향을 미치는 최신 기술을 가장 먼저 보려면 어디로 가야 할까요? 정보 통신 (IT, Information Technology) 기술과 관련된 박람회에 참석하면 최신 기술과 앞으로 각광받는 기술들을 접할 수 있습니다. 최근 들어 이러한 박람회에서 주목을 받는 기술은 무엇일까요? 다들 눈치챘겠지만 바로 인공지능입니다. 지금부터 생활 속에 들어온 인공지능 기술에 대해서 자세히 살펴보겠습니다.

 가전제품과 인공지능

2019년 미국 라스베이거스에서 열린 소비자 가전 박람회(Consumer Electronics Show, CES) 에서는 참가한 사람들에게 하나의 메시지를 남겼습니다. 바로 인공지능이 우리 삶의 모든 부분에 영향을 미칠 것이라는 것입니다.

박람회에서는 인공지능이 생활에서 어떠한 방향으로 적용될지 구체적으로 이야기하였는데, 그중 하나가 '맞춤형 진화'입니다. 맞춤형 진화는 바로 각각의 인공지능 제품을 사용하는 사람들의 니즈(needs, 욕구)와 패턴을 분석하여 스스로 학습하는 것입니다. 제품을 사용하는 사람들이 제품에 직접 명령을 내리지 않더라도 제품 스스로 사용자의 니즈를 판단하여 실행하도록 하는 기술에 인공지능이 사용됩니다.

실제로 이러한 기술은 우리 생활에서도 볼 수 있습니다. 바로 우리 가까이에서 볼 수 있는 에어컨에 이 기술이 사용되며, 실제로 판매되고 있습니다. 인공지능이 적용된 초기 에어컨은 사람의 말을 인식하여 실행하는 정도의 기능만 수행할 수 있었습니다. 예를 들어, 더운 여름에 방 안에 있는 사람이 "조금 덥네."라고 말하면 에어컨이 사람의 말을 인식하여 "온도를 낮출까요?"라고 묻습니다. 그리고 사용자가 "온도를 낮춰줘."라고 말하면 그에 따라 온도를 조절하는 방식이었습니다.

맞춤형 진화의 기술이 적용된 인공지능은 이전의 인공지능에서 한 단계 더 진화하였습니다. 에어컨은 사용자가 "조금 덥네."라는 말을 하지 않도록 스스로 먼저 온도를 낮춥니다.

실내외 온도, 습도뿐만 아니라 사용자가 보통 냉방을 얼마 동안 작동시키는지 그리고 어느 정도의 바람 세기를 좋아하는지에 대한 데이터를 바탕으로 스스로 학습합니다. 다음에 비슷한 상황이 생기면 사용자가 이전에 했던 방식으로 에어컨을 작동시키는 것이지요.

이러한 기술은 청소기에도 적용되고 있습니다. 맞춤형 진화 인공지능 기술이 적용된 로봇 청소기는 집안 구조, 먼지 양, 방이 비어 있는 시간 등을 반복된 운전을 통해 학습합니다. 그래서 청소 시점, 흡입 강도 등을 사용자에 맞게 조절하여 사용자가 관여하지 않더라도 청소기 스스로 판단하여 집안 곳곳을 돌아다니며 청소합니다.

이외에도 공기 청정기나 스피커 등 다양한 가전제품에 인공지능 기술이 적용되고 있으며, 앞으로 이 분야는 더욱 발전할 것으로 예상합니다.

2 의료 분야에서의 인공지능

인공지능은 생활 속 다양한 부분에도 영향을 미치지만, 그중 사람의 건강과 관련된 의료 분야에서 특히 눈부신 속도로 발전하고 있습니다. 현재 의료 분야에서의 인공지능은 다음의 세 가지 유형으로 나뉩니다.

첫 번째, 이미지로 나타낼 수 있는 의료 데이터를 분석하고 판독하는 인공지능입니다. 이러한 인공지능은 폐암 환자와 정상인의 MRI, CT 이미지를 바탕으로 환자가 폐암인지 아닌지 구분하는 능력을 기릅니다. 그 다음 새로운 환자의 CT 이미지를 보고 폐암 여부를 진단하는 것이지요.

> TIP 우리나라에서도 이 기술이 사용된답니다. 서울대병원에서는 국내에서 독자적으로 개발한 인공지능 기술을 환자 영상 판독에 활용한다고 합니다. 인공지능이 흉부 X선 검사 영상을 보고 폐암 혹은 폐 전이암으로 의심되는 점을 의사에게 알려주고, 의사는 이를 참고해 자칫 놓칠 수 있는 폐암을 조기 진단할 수 있게 되었습니다.

두 번째는 복잡한 의료 데이터를 분석하여 현재 의사가 하는 진단과 처방 등을 하는 인공지능입니다. 여기에서 말하는 복잡한 의료 데이터는 환자의 이전 기록부터 현재까지의 모든 진료 기록과 유전학적인 데이터 등 다양한 의료 빅데이터를 말합니다. 이 유형의 인공지능 중 가장 많이 알려진 것은 바로 왓슨의 암 진단 인공지능 프로그램인 '왓슨 포 온콜로지(Watson for Oncology)'입니다.

왓슨 포 온콜로지는 왓슨이 제퍼디 퀴즈 쇼에 나가기 전부터 의학 공부를 시작하였다고 합니다. 2013년 보도자료에 의하면 왓슨은 암과 관련된 60만 건의 의학적 근거와 약 200만 페이지에 달하는 42개 의학 학술지와 임상 시험 데이터를 학습하였다고 합니다. 게다가 세계에서 가장 오래되고 가장 큰 사립 병원인 메모리얼 슬론 캐터링 암 센터(MSKCC)의 의사들이 수행한 1,500건 이상의 실제 폐암 치료 사례와 약 25,000건의 치료 사례 시나리오, 의사들의 진료 기록 등을 학습하였다고 합니다.

세 번째는 다양한 의료 데이터를 지속적으로 관찰하여 질병을 예측하고 예방하는 인공지능입니다. 그 사례 중 하나로 파킨슨병을 예측하는 인공지능이 있습니다. 파킨슨병은 60세 이상의 사람들에게 치매 다음으로 흔하게 나타나는 뇌질환입니다. 파킨슨병에 걸리면 신체 운동 조절에 어려움이 생겨 환자의 일상생활 자체가 어려워집니다.

IBM은 마이클 제이 폭스 재단(MJFF)과 함께 인공지능 및 머신러닝 기술을 사용하여 파킨슨병이 언제 발병할지 그리고 어떻게 병이 진행될지를 예측하는 인공지능을 개발하고 있다고 밝혔습니다. 또한, 파킨슨병이 일어날 것인지를 예측하기 위한 손톱 센서를 발명하였다고 합니다. 대상자의 손톱에 센서를 붙여 손톱의 변형이나 손가락의 미세한 떨림 데이터를 바탕으로 파킨슨병을 진단할 수 있다고 합니다.

3 운송 수단에서의 인공지능

요즘 자율 주행 자동차와 드론은 주변에서 꽤 자주 듣는 단어일 것입니다. 과거 SF 영화에서만 등장하던 무인 자동차와 드론이 이제 상상이 아닌 현실로 우리에게 성큼 다가와 있습니다. 사람 혹은 사물을 한 공간에서 다른 공간으로 운송하는 역할을 하는 자율 주행 자동차와 드론에도 인공지능 기술이 사용되고 있습니다.

오늘날의 자율 주행 자동차는 단순히 사람이 타고 있지 않은 무인 자동차 개념에서 확장되어 자동차가 자율적으로 운전하여 움직이는 자동차를 의미합니다. '자동차에 인공지능을 사용하였다'라고 말하려면 자동차가 스스로 상황을 파악하여 명령을 내릴 수 있어야 합니다.

자율 주행 자동차는 앞에 사람 혹은 장애물을 발견하면 그 장애물은 피해야 하는지 그렇지 않은지를 판단해야 합니다. 이러한 판단을 할 수 있게 학습시키는 방법에는 두 가지가 있습니다.

첫 번째 방법은 바로 규칙을 정해주는 것입니다. 자율 주행 자동차가 맞닥뜨릴 수 있는 다양한 상황에 대한 해결 방법을 하나하나 알려주는 것이지요. 과연 모든 상황을 다 알려줄 수 있을까요? 아마 불가능에 가까울 것 같습니다.

두 번째 방법은 자동차가 스스로 학습하게 하는 것입니다. 먼저 자동차에게 다양한 상황(데이터)을 제시하고, 어떻게 판단했는지에 대한 데이터를 주어 인공지능을 학습시킵니다. 그러한 학습을 바탕으로 새로운 환경에 맞닥뜨릴 때 그 상황에서의 가장 적절한 방법을 판단하도록 스스로 학습하는 방법입니다. 이러한 방식은 인공지능이 다양한 상황과 환경에 적응하여 발전할 수 있다는 장점이 있습니다.

이 기술은 현재 다양한 분야에서 사용되고 있습니다. 차선을 유지하고, 앞 자동차와의 거리를 판단해서 스스로 움직이는 반 자율 주행 기술은 이미 다양한 자동차에서 옵션으로 제공합니다. 구글과 전기 자동차로 유명한 테슬라(Tesla)에서는 이러한 인공지능 기술을 사용한 자율 주행 자동차를 상용화하였습니다.

심지어 미국 운수부 산하의 고속도로교통안전국(National Highway Traffic Safety Administration, NHTSA)에서는 구글 자율 주행 자동차의 인공지능베이스 자율주행컴퓨팅 시스템을 운전자로 인정하였습니다. 이는 미국 교통당국이 무인 자동차를 조작하는 인공지능을 인간처럼 '운전자'로 인정한 것입니다. 이렇듯 무인 자동차의 인공지능은 인간을 보조해 주는 보조 운전자의 개념에서 한 단계 더 발전하여 운전자의 개념으로 확장되고 있습니다.

 잠깐만요

트롤리 딜레마

열차가 선로를 달리고 있습니다. 여러분은 그 열차를 바라보고 있습니다. 열차가 달릴 선로를 살펴보니 그 선로에서 열차가 들어오는 것을 알지 못하는 인부 5명이 작업하고 있습니다. 여러분 앞에는 열차의 선로를 바꿀 수 있는 레버가 있습니다. 하지만 다른 선로에는 인부 1명이 작업하고 있습니다. 레버를 당긴다면 열차는 선로를 바꾸어서 인부 5명에게 달려가지 않고, 인부 1명에게로 달려갈 것입니다. 여러분이라면 과연 어떤 선택을 할 것인가요?

이 실험은 트롤리 딜레마(Trolley Dilemma)라는 유명한 심리 실험입니다. 5명을 살리기 위해 1명의 목숨을 희생하는 것을 도덕적으로 허용해야 하는지에 대한 질문을 담고 있습니다. 트롤리 딜레마는 오늘날 스스로 주변 환경을 인식하고 판단을 내리는 자율 주행 자동차와 밀접한 관련이 있습니다.

과학기술 잡지인 〈MIT 테크놀로지 리뷰〉에서는 트롤리 딜레마에 관한 흥미로운 글을 작성하였습니다. 먼저 자율 주행 자동차가 피할 수 없는 사고를 마주했을 때 다음 세 가지 상황을 가정하였습니다.

- 직진하면 10명을 치지만, 방향을 급격히 바꾸면 해당 방향에 있던 1명을 치게 된다.
- 직진하면 보행자를 치지만, 방향을 급격히 바꾸면 차에 타고 있는 본인 1명만 크게 다치거나 죽게 된다.
- 직진하면 여러 사람이 죽거나 다치고, 방향을 급격히 바꾸면 차에 타고 있는 본인만 죽거나 다친다.

과연 운전자의 안전을 최선으로 생각하여 많은 희생을 치르더라도 운전자의 생명을 살리는 방향으로 판단을 하는 자율 주행 자동차가 옳을까요? 아니면 사람을 많이 살릴 수 있는 방향으로 판단하여 10명의 사람을 살리고 운전자를 죽게 하는 자율 주행 자동차가 옳을까요? 만약 그렇다면 여러분은 그 자율 주행 자동차를 살 것인가요? 사람도 인공지능도 참 풀기 어려운 문제입니다.

4 무인 항공기와 인공지능

자동차뿐만 아니라 무인 항공기에도 인공지능 기술이 사용되고 있습니다. 무인 항공기는 사람이 타고 있지 않다는 의미인 UAV(Unmanned Aerial Vehicle) 또는 드론(Drone)이라 불립니다. 무인 항공기는 군사용 목적 이외에 최근 다양한 분야에서 활용되고 있습니다.

드론이 나오기 전, 넓은 곳을 촬영하거나 혹은 사람이 촬영하기 힘든 곳을 촬영할 때는 주로 항공기나 헬리콥터를 사용하여 촬영하거나 촬영자가 위험을 무릅쓰고 촬영하였습니다. 하지만 오늘날에는 대부분 드론을 사용합니다. 그리고 각종 측량 조사를 할 때는 물론 재난 현장 같이 사람이 접근하기 어려운 곳을 관측할 때도 드론이 사용됩니다.

농업에서도 드론을 활용하는 사례가 늘었습니다. 큰 면적의 농업지에 농약을 뿌리려면 예전에는 비행기를 사용해야 했습니다. 하지만 오늘날에는 드론을 사용하여 미리 설정한 경로에 따라 농약을 살포하여 경제적이고 손쉽게 농약을 뿌릴 수 있게 되었지요. 이외에도 사람이 접근하기 어려운 곳에 드론을 이용하여 택배를 배송하는 등의 실험도 계속하여 이루어지고 있습니다.

무인 항공기는 지상에서 원격으로 조종하는 방식과 사전에 입력된 경로에 따라 자동 혹은 반자동으로 자율 비행하는 방식 그리고 스스로 환경을 판단하고 그에 맞춰 임무를 수행하는 인공지능 방식으로 구분됩니다.

▲ 조종 방식에 따라 구분되는 드론

그중 인공지능을 사용하는 드론에 대해 좀 더 살펴보겠습니다. 인공지능을 사용하는 드론은 스스로 환경을 인식하고 적절한 판단을 내릴 수 있습니다. 또한 새로운 상황에선 스스로 학습하고 그러한 학습을 통해 점차 성장하게 됩니다.

최근 카네기멜론대학의 연구자들은 인공지능 드론을 만들기 위한 흥미로운 연구를 진행하였습니다. 드론이 주변의 사물과 충돌하지 않고 안정적으로 비행할 수 있도록 주변의 사물에 일부러 충돌하게끔 한 것입니다. 여기서 "충돌하지 않도록 충돌시켰다"는 말은 어떻게 보면 말이 안 되는 것처럼 보일 수 있습니다. 하지만 앞에서 나왔던 강화 학습을 떠올리면 이해가 됩니다.

강화 학습은 시행착오를 통해 학습하는 방식입니다. 즉, 드론을 안정적으로 비행시키기 위해 충돌하는 시행착오 과정을 만들어 줌으로써 드론이 주변 환경에 맞춰 충돌하지 않고 안정적으로 비행할 수 있도록 학습시키는 것입니다.

연구자들은 서로 다른 20곳의 환경에 드론을 풀어놓은 후 40시간 동안 다른 물체와 충돌하도록 실험을 실시하였습니다. 이렇게 얻은 1만 1,500개의 충돌 데이터를 인공지능 모델에 학습시켰습니다. 1만 1,500개에 달하는 충돌 관련 데이터에 관한 학습을 마친 드론은 자율적으로 비행할 수 있는 능력을 갖추게 되었습니다. 심지어 비행 중에 흰색의 벽이나 유리문을 만나도 쉽게 인지해 피하는 능력까지 갖게 되었지요. 이러한 인공지능 드론은 사람이 미처 신경 쓰지 못하는 부분까지 학습할 수 있어서 그만큼 안정성을 보장할 수 있다는 장점이 있습니다.

5 기상 예측 분야에서의 인공지능

우리는 매일 아침 일기 예보를 확인하고 집을 나섭니다. 하지만 맑을지 흐릴지 비가 올지 기상에는 아주 많은 변수가 있습니다. 그렇기 때문에 슈퍼컴퓨터로 빠르게 계산을 한다고 하더라도 기상을 정확하게 예측하기란 쉽지 않은 일입니다. 이러한 기상 예측 분야에서도 인공지능이 사용되고 있습니다. IBM에서는 고해상 기상 예측 시스템(GRAF)을 발표하였습니다. 이 예측 시스템은 기존의 기상 예측과 데이터를 수집하는 방식이 다릅니다.

기존의 기상 예측은 어떤 지역에 기상 관측소를 설치하여 그 관측소에서 수집한 다양한 기상 관련 데이터, 예를 들어 온도, 기압, 습도 등을 바탕으로 예측하는 방식이었습니다. 하지만 새로운 예측 시스템은 관측소에 국한하여 데이터를 얻는 것이 아니라 휴대폰이나 차량 그리고 항공기에 부착된 센서를 통해서 보다 다양한 기상 데이터를 얻습니다. 이러한 크라우드소싱(CrowdSourcing) 기반의 방식으로 조금 더 정확한 기상 데이터를 얻고 그 데이터를 통해 학습한 인공지능을 바탕으로 더 정확한 예측을 할 수 있게 된 것입니다.

지금까지 사람들의 생활 속 다양한 영역에 스며든 인공지능 기술을 살펴보았습니다. 이전에는 인공지능을 실제 사용할 수 있을 정도로 발전시키는 데 초점을 맞췄다면, 이제는 이미 발전된 인공지능 기술을 사용하여 생활 속 어떤 부분에 어떻게 적용하여야 할지에 좀 더 초점을 맞춰야 합니다. 컴퓨터를 잘 사용하고자 컴퓨터의 작동 방식을 알고 프로그래밍 언어로 의사소통하는 방법을 배우듯이 말입니다.

'나를 알고 적을 알면 백전백승'이라는 말이 있습니다. 우리가 인공지능을 생활에서 효과적으로 사용하려면 먼저 인공지능을 알아야 합니다. 인공지능이 어떠한 원리로 학습하는지 그리고 어떤 방식으로 인공지능을 만들지를 알고 있다면 이를 다양한 문제 상황에 적용할 수 있습니다.

지금까지 살펴본 인공지능 이론을 바탕으로 이제 실제 인공지능 모델을 만들어 보겠습니다.

스크래치로 만드는 인공지능

첫째 마당에서는 인공지능이 무엇인지 개념을 살펴보았습니다. 지금부터는 블록형 프로그래밍 언어인 스크래치를 사용하여 인공지능을 직접 만들어 보겠습니다. 본격적인 실습을 시작하니 더 재미있을 것입니다.

UNIT 08

머신러닝 for 키즈를 소개해요

ARTIFICIAL INTELLIGENCE FOR EVERYONE

앞에서 소개한 왓슨(Watson)을 만든 IBM에서는 누구나 쉽고 편하게 인공지능을 만들어 볼수 있도록 '머신러닝 for 키즈(Machine Learning for Kids)'라는 인공지능 교육 서비스를 만들었습니다. 지금부터 우리는 머신러닝 for 키즈를 사용하여 인공지능을 직접 만들어 보겠습니다.

1 머신러닝 for 키즈란 무엇인가요

인공지능을 만들기 위해서는 기계(컴퓨터)를 학습시켜야 합니다. 머신러닝(machine learning)이라는 단어가 바로 '기계(machine)를 학습시킨다(learning)'라는 뜻이랍니다.

머신러닝을 배우려면 어려운 수학 개념을 알아야 합니다. 그리고 머신러닝을 프로그래밍하려면 중급 이상의 프로그래밍 실력을 갖추어야 하고요. 초보자가 배우기에 결코 쉬운 내용은 아니기 때문에, 보통 여기서 많은 사람들이 좌절을 맛보곤 합니다.

그런데 이러한 머신러닝을 우리가 직접 만들 수 있을까요? 결론부터 이야기하자면 '네' 입니다. 왓슨의 우수한 머신러닝 기술을 사용하여 초보자도 어렵지 않게 머신러닝을 만들 수 있도록 제작한 도구가 바로 '머신러닝 for 키즈'랍니다. 이를 활용하면 복잡한 수학이나 프로그래밍 없이도 머신러닝의 기초적인 개념을 교육 차원에서 경험할 수 있습니다.

인공지능을 만들려면 어떠한 인공지능을 만들지 설계하는 과정이 필요합니다. '머신러닝 for 키즈'는 복잡한 인공지능 설계 과정을 초보자도 쉽게 할 수 있도록 단순화하였기 때문에 누구나 쉽게 인공지능을 만들 수 있습니다.

URL https://machinelearningforkids.co.uk

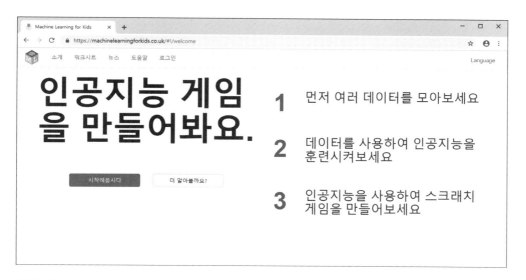

TIP 머신러닝 for 키즈를 활용한 본격적인 실습은 Unit 10부터 진행합니다.

머신러닝 for 키즈는 어떤 특징이 있나요

머신러닝 for 키즈는 블록형 프로그래밍 언어인 스크래치(Scratch)를 사용합니다. 스크래치는 MIT 미디어랩에서 개발한 프로그래밍 언어로, 초보자에게 프로그래밍의 개념의 알려주기 위해 만든 교육용 프로그래밍 도구랍니다.

스크래치를 사용하면 마치 레고로 블록을 쌓듯이 프로그램을 만들 수 있어 누구나 쉽고 재미있게 프로그래밍을 경험해 볼 수 있습니다.

▲ 스크래치 화면의 예

또 머신러닝 for 키즈는 블록형 프로그래밍 언어뿐만 아니라 텍스트형 프로그래밍 언어인 파이썬과 스마트폰 애플리케이션을 만들 수 있는 앱 인벤터를 사용할 수 있다는 특징도 있습니다.

> **TIP**
> 최근 업데이트를 통해, 머신러닝 for 키즈에서 개발한 인공지능 모델을 파이썬 언어로 사용할 수 있게 되었습니다. 이제 여러분의 컴퓨터에 파이썬을 설치하지 않더라도 웹에서 바로 파이썬을 사용할 수 있습니다.

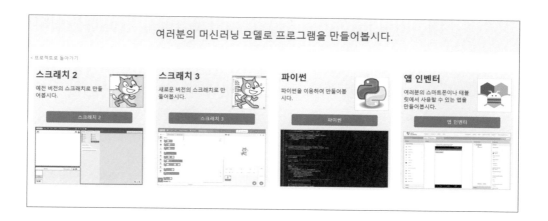

마지막으로, 머신러닝 for 키즈는 텍스트, 이미지, 숫자, 소리 이렇게 네 가지를 기본으로 하는 인공지능 모델을 만들 수 있습니다. 그리고 우리는 책에서 이를 활용하여 다양한 프로젝트를 진행할 예정입니다.

① **텍스트**: 영어뿐만 아니라 한국어, 중국어 등 전세계의 다양한 언어를 학습하는 인공지능 모델을 만들 수 있답니다. Unit 10에서는 여러분의 말을 인식하여 감정을 표현하는 '인공지능 감정 표현 로봇 프로젝트'를 만들어 봅니다. 또한 Unit 11에서는 사용자의 명령을 듣고 그에 따라 동작하는 '스마트 교실 프로젝트'를 만들어 봅니다.

② **이미지**: 다양한 사진, 그림 등에서 특징을 찾아내어 학습할 수 있습니다. Unit 12에서는 배경색을 인식하여 등장 인물의 옷 색깔을 배경에 맞추는 '마법의 옷 만들기 프로젝트'를 만들어 봅니다.

③ **숫자**: 다양한 숫자에서 패턴을 찾아낼 수 있습니다. Unit 13에서는 스크래치의 고양이 위치 값을 사용하여 고양이가 어디에 있는지 맞히는 '인공지능 위치 탐정 프로그램'을 만들어 봅니다.

④ **소리**: 소리에서 특징을 찾아내어 학습할 수 있습니다.

3 ## 머신러닝 for 키즈로 인공지능 프로그램을 어떻게 만드나요

앞에서 소개했듯이 머신러닝 for 키즈를 사용하면 간편하게 인공지능 프로그램을 만들 수 있습니다. 예시로 머신러닝 for 키즈로 개와 고양이의 이미지를 구분하는 인공지능 프로그램을 만드는 방법을 알아봅시다.

1 먼저 내가 만들 프로젝트 이름을 입력합니다. 이때 언어, 이미지, 숫자, 소리 중 어떤 것을 인식하는 인공지능을 만들지 결정해야 합니다. 우리는 개와 고양이의 이미지를 구분할 것이므로 **이미지**를 선택하고 **만들기** 버튼을 누릅니다.

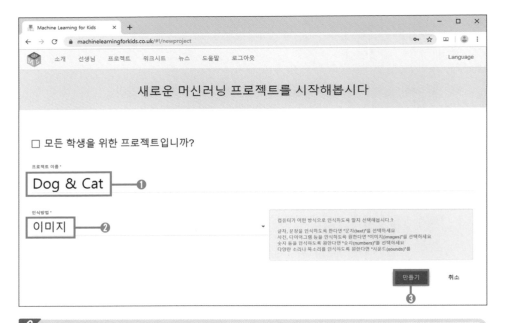

TIP Unit 10부터 프로젝트를 진행하면서 각 과정을 더 자세히 설명합니다. 눈으로만 따라서 보세요.

2 다음으로 레이블을 생성합니다. 여기에서 레이블은 인공지능이 구별하기를 원하는 값을 의미합니다. 개와 고양이를 구분하는 인공지능을 만들 것이므로 레이블을 **Dog**와 **Cat** 이렇게 2개 만들어야 합니다.

3 각각의 레이블에 데이터를 입력합니다. 이때 데이터의 양이 많을수록 더 정확한 인공지능이 만들어진다는 것을 잊지 마세요.

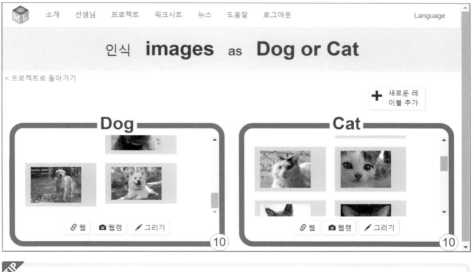

TIP 눈치챈 사람도 있겠지만, 이 방법은 머신러닝의 학습법 중 바로 지도 학습(Supervised Learning)에 해당합니다.

4 다음으로 인공지능을 학습시켜야 합니다. 각 레이블에 있는 데이터를 바탕으로 인공지능이 스스로 학습을 하는 단계입니다. **새로운 머신 러닝 모델을 훈련시켜보세요.** 버튼을 클릭하면 학습이 시작됩니다.

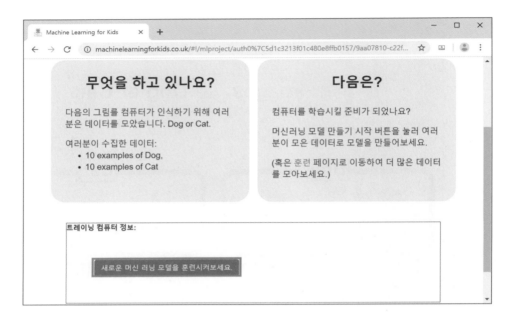

질문 있어요 **인공지능 학습이 제대로 끝난 걸 어떻게 아나요?**

인공지능이 학습을 한 후에는 제대로 학습했는지 평가하는 단계가 필요합니다. 머신러닝 for 키즈에서 평가를 하는 방법은 내가 특정한 데이터를 인공지능에게 물어보는 것입니다. 개와 고양이를 구별하는 인공지능을 만들었다면, 내가 가지고 있는 고양이 사진을 넣었을 때 이 사진이 고양이라고 인식한다면 제대로 학습했다고 볼 수 있겠죠?

TIP 텍스트, 숫자, 소리의 경우에는 학습 시간이 짧지만, 이미지의 경우에는 학습 시간이 상대적으로 길다는 점에 유의하세요.

5 이렇게 인공지능 모델이 만들어졌다면 이 인공지능 모델을 사용하는 일이 남았습니다. 머신러닝 for 키즈는 인공지능을 사용할 수 있는 프로그래밍 언어로 스크래치, 파이썬, 앱 인벤터 등을 지원합니다. 우리는 스크래치를 사용합니다.

지금까지 머신러닝 for 키즈를 사용하여 인공지능 프로그램을 만드는 과정을 간단히 살펴보았습니다. 어려워 보이나요?

지금부터 나오는 프로젝트를 차근차근 따라한다면 여러분 모두 쉽게 인공지능 프로그램을 만들 수 있을 것입니다. 자, 그럼 지금부터 인공지능 프로그램을 만들어 봅시다!

UNIT 09 스크래치 3.0 배우기

ARTIFICIAL INTELLIGENCE FOR EVERYONE

머신러닝 for 키즈에서는 인공지능을 사용할 수 있는 다양한 방법을 제공합니다. 스크래치도 그중 하나입니다. 블록형 프로그래밍 언어인 스크래치는 프로그래밍을 처음 접하는 사람도 부담 없이 익힐 수 있습니다.

인공지능도 어려운데 복잡한 프로그래밍 언어의 문법까지 익혀야 한다면 여간 까다로운 것이 아니겠죠? 그래서 이 책에서는 스크래치를 사용하여 인공지능 프로그램을 만들어 보겠습니다.

◀ 스크래치의 로고, 장난꾸러기 고양이가 스크래치의 주인공

이른바 컴퓨터 프로그래머라고 부르는 전문가들이 사용하는 프로그래밍 언어는 C 언어나 자바(Java), 파이썬(Pyhton) 같은 텍스트 기반 언어입니다. 이러한 프로그래밍 언어들은 실제 우리 주변의 가전 혹은 다양한 기기의 프로그램을 제작할 수 있는 언어로, 텍스트로 된 명령어를 직접 입력하는 방식입니다. 그렇기 때문에 프로그래밍 언어의 문법을 정확하게 알고 있어야 하며, 그렇지 않으면 오류가 나서 실행하는 데 애를 먹기도 합니다.

스크래치는 프로그래밍 초보자를 위한 교육용 프로그래밍 언어입니다. 모든 사람이 쉽고 재미있게 프로그래밍을 체험할 수 있도록 블록 코딩 방식으로 개발되었습니다. 각 명령어로 구성된 스크립트를 드래그 앤 드롭(Drag & Drop, 마우스로 끌어다 놓기)으로 연결하여 프로그램을 완성하는 방식입니다. 이 방식을 사용하면 텍스트로 입력하는 프로그래밍 언어에서 발생할 수 있는 오타나 문법 오류가 일어날 일이 없습니다.

▲ 드래그 앤 드롭으로 연결하여 프로그램 만들기

스크래치는 1.0 버전부터 시작하여 현재 3.0 버전까지 나왔습니다. 3.0 이전 버전에서는 스마트폰이나 태블릿 PC 같은 모바일 기기를 지원하지 않았습니다. 오직 데스크톱 PC에서만 사용할 수 있었지요. 하지만 스크래치 3.0 버전은 스마트폰과 태블릿을 지원하여 이제 더 다양한 기기에서 프로그램을 만들 수 있게 되었습니다.

> **TIP** 스크래치 3.0은 웹 버전과 다운로드 버전이 있습니다. 웹 버전은 인터넷이 연결되어 있는 모든 기기에서 사용 가능하며 작품을 웹에 저장할 수 있습니다. 다운로드 버전은 인터넷에 연결되어 있지 않더라도 작품을 제작할 수 있습니다. 이 책에서는 웹 버전을 사용합니다. 만약 스크래치 3.0을 다뤄본 적이 있는 사람은 이 장을 건너뛰고 Unit 10으로 넘어가도 괜찮습니다.

1 　스크래치 3.0 살펴보기

그럼 지금부터 간단한 프로그램을 만들며, 스크래치 3.0의 기본적인 사용법을 살펴보겠습니다.

1 크롬 브라우저를 열고 주소 창에 **https://scratch.mit.edu**를 입력하여 스크래치 홈 페이지로 이동합니다.

잠깐만요

크롬 브라우저를 설치하세요!

웹 버전의 스크래치를 사용하려면 웹 브라우저가 필요합니다. 다양한 웹 브라우저가 있지만, 스크래 치는 구글 크롬 브라우저에 최적화되어 있습니다. 따라서 책의 실습을 진행하려면 크롬 브라우저가 필요합니다. 만약 여러분이 쓰는 컴퓨터에 크롬 브라우저가 설치되어 있지 않다면 크롬 브라우저를 먼저 설치해 주세요.

❶ 구글 다운로드 페이지(https://www.google.co.kr/chrome/index.html)에 접속한 다음 **Chrome 다운 로드** 버튼을 누릅니다.

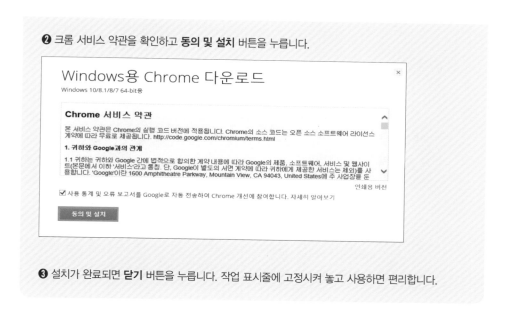

❷ 크롬 서비스 약관을 확인하고 **동의 및 설치** 버튼을 누릅니다.

❸ 설치가 완료되면 **닫기** 버튼을 누릅니다. 작업 표시줄에 고정시켜 놓고 사용하면 편리합니다.

2 상단 메뉴에서 **만들기**를 클릭합니다.

3 스크래치에서는 사용 방법을 쉽게 익힐 수 있도록 여러 개의 튜토리얼을 제공합니다. 상단 메뉴에서 **튜토리얼**을 클릭합니다.

4 튜토리얼을 몇 개 따라하면 스크래치의 사용법을 금방 익힐 수 있습니다.

2 스크래치 프로그램 만들기

스크래치에 익숙해지도록 간단한 프로그램을 만들면서 스크래치의 기본적인 사용 방법을
익혀봅시다. 예제로 만들 프로그램의 이름은 '고양이의 마음'입니다. 우리가 마우스를 움직
이면 스크래치의 주인공인 고양이가 마우스를 따라다닙니다. 그리고 고양이가 마우스를 따
라다니다가 하트에 닿으면 하트의 색깔이 변하는 프로그램을 만들겠습니다.

> **TIP** 튜토리얼을 닫으면 '만들기' 화면으로 돌아옵니다.

1 스크래치에서 제공하는 스프라이트를 사용해도 되지만, 여기서는 직접 그리는 방법을 사용하여 스프라이트를 추가하겠습니다. 오른쪽 아래에 있는 고양이 아이콘에 마우스 포인터를 가져가서 메뉴가 나오면 **그리기** 아이콘(■)을 클릭합니다.

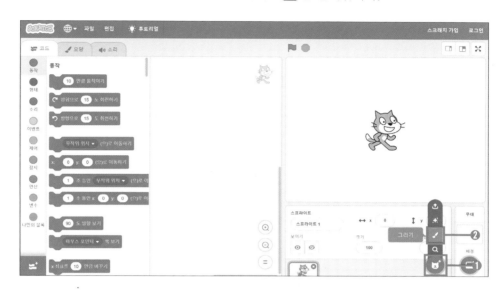

질문있어요 **스프라이트가 무엇인가요?**

스크래치 프로그래밍을 하려면 다양한 등장 인물들이 필요합니다. 스크래치에서는 이러한 등장 인물을 '스프라이트'라고 합니다. 스프라이트를 추가하는 방법은 스크래치에서 제공하는 스프라이트를 고르는 방법과 직접 그리는 방법, 사진을 찍어 가져오는 방법이 있답니다.

스프라이트는 다양한 형태를 가지고 있습니다. 예로 들어 사람에게는 서 있는 모습, 앉아 있는 모습, 노래하는 모습 등 다양한 모습이 있습니다. 한 스프라이트의 다양한 형태를 [모양] 탭에서 추가할 수 있습니다.

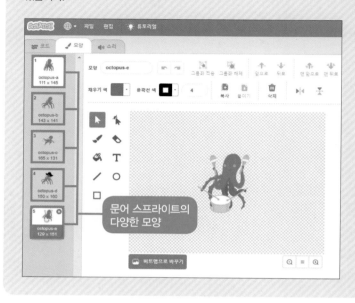

2 색깔이 2개인 하트 스프라이트를 만들겠습니다. 먼저 빨간색 하트를 그리겠습니다. **붓 도구**를 선택하고 채우기 색을 **빨간색**으로 바꾸고, 두께를 **40**으로 지정한 후 다음과 같 이 하트를 그려보세요.

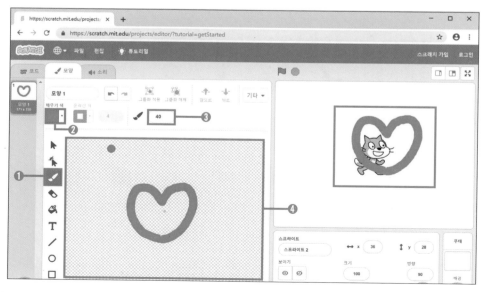

3 **채우기 도구**를 클릭하여 하트 안을 빨간색으로 채웁니다.

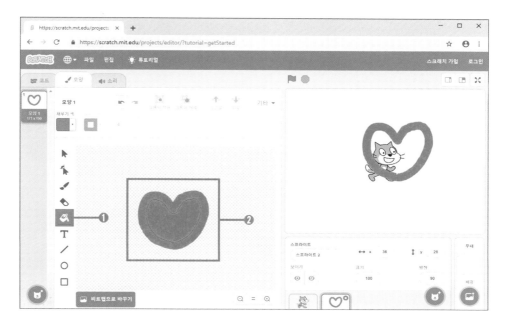

4 왼쪽에 있는 **모양 1**을 클릭하여 이름을 **빨강 하트**로 바꿉니다.

5 이번에는 파란색 하트를 만들어 보겠습니다. 빨강 하트 위에서 마우스 오른쪽을 클릭하여 나오는 메뉴에서 **복사**를 클릭합니다.

6 **채우기 도구**를 사용하여 두 번째 하트의 색깔은 **파란색**으로 바꿉니다.

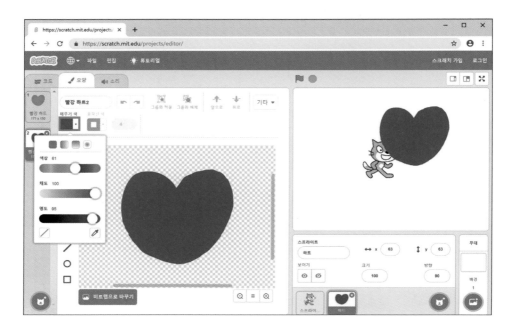

7 모양의 이름을 **파랑 하트**로 바꿉니다.

8 빨강 하트와 파랑 하트의 모양이 담긴 이 스프라이트의 이름을 **하트**로 바꿉니다.

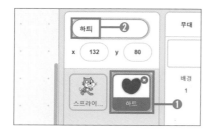

3 마우스를 따라다니는 고양이 프로그래밍하기

스프라이트를 만들었으니 이제 고양이가 마우스를 따라다니도록 프로그래밍 해 볼까요?

1 **고양이 스프라이트**를 클릭하고 [코드] 탭을 클릭하여 고양이에게 명령을 내리겠습니다.

2 스크래치 프로그램의 실행은 항상 초록색 깃발(🏳)을 클릭하는 것입니다. 프로그램을
   실행하였을 때 고양이가 마우스를 따라다니도록 [이벤트] 팔레트에서 깃발을 클릭했을 때
   블록을 스크립트 영역으로 드래그합니다.

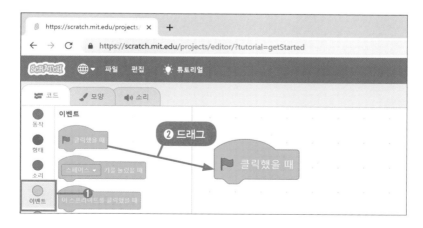

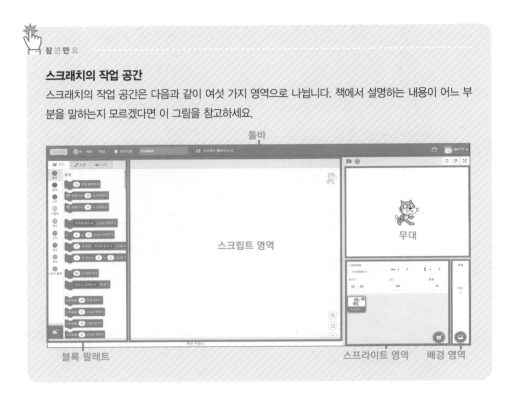

잠깐만요

스크래치의 작업 공간

스크래치의 작업 공간은 다음과 같이 여섯 가지 영역으로 나뉩니다. 책에서 설명하는 내용이 어느 부분을 말하는지 모르겠다면 이 그림을 참고하세요.

3 [동작] 팔레트에서 `무작위 위치로 이동하기` 블록을 스크립트 영역으로 가져온 다음 ▼을 눌러 **마우스 포인터**로 바꿉니다.

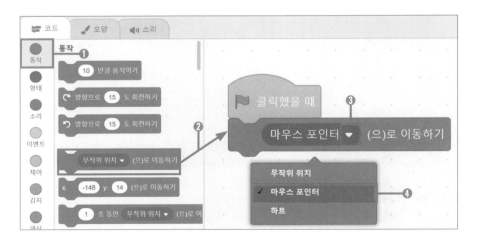

> TIP
> 여기까지 작성하고 프로그램을 실행하면 한 번만 움직이고 다음에는 움직이지 않습니다. 왜냐하면 프로그램이 순식간에 실행되고 종료되었기 때문입니다.

4 고양이가 계속 따라다니도록 [제어] 팔레트에서 <u>무한 반복하기</u> 블록을 가져와서 다음과 같이 <u>마우스 포인터로 이동하기</u> 블록을 감싸줍니다.

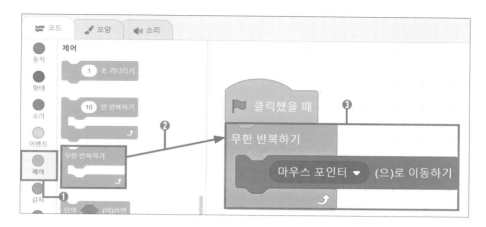

4 고양이가 하트에 닿았을 경우 프로그래밍하기

고양이가 마우스를 따라다니다가 하트에 닿으면 하트의 색깔을 빨간색으로, 닿지 않으면 파란색으로 바뀌도록 프로그래밍 해 보겠습니다. 조건 블록을 사용합니다.

👆 잠깐만요

조건 구조란?
프로그래밍의 구조 중 조건 구조가 있습니다. 예를 들어 우리가 더울 때 선풍기를 켜면 시원하게 지낼 수 있습니다. 이러한 동작에도 '더울 때'라는 조건 구조가 숨어 있습니다. 특정한 조건, 추울 때가 아닌 '더울 때'가 바로 조건이며, 이러한 조건에 따라 행동(선풍기를 켠다)이 이루어지는 구조가 조건 구조입니다.

1 고양이가 하트에 닿았을 때와 닿지 않았을 때를 판단하기 위해 [제어] 팔레트에서 만약~(이)라면~아니면 블록을 가져와서 마우스 포인터로 이동하기 블록 아래에 연결합니다.

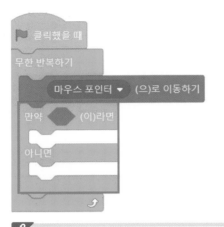

> **TIP** 여기서부터는 팔레트에서 블록을 가져와서 연결하는 부분은 생략하고 완성된 블록 이미지만 보여줍니다.

2 하트에 닿았는지 판단하는 블록을 조건 블록 안에 넣겠습니다. [감지] 팔레트에서 마우스 포인터에 닿았는가 블록을 가져와서 만약~(이)라면~아니면 블록 안쪽에 연결합니다. 그리고 '마우스 포인터'를 **하트**로 바꿉니다.

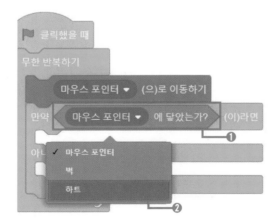

3 닿았을 때 보낼 메시지를 만들어 봅시다. [이벤트] 팔레트에서 [메시지1 신호 보내기] 블록을 가져와서 다음과 같이 연결합니다. 그리고 새 메시지를 만들기 위해 '메시지1'을 **새로운 메시지**로 바꿉니다.

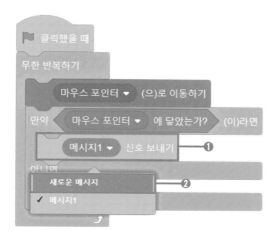

TIP 스크래치에는 다른 스프라이트에게 메시지를 전달하는 기능이 있습니다. 이 메시지 기능을 사용하여 특정 신호를 보내고, 그 신호를 받을 때 어떠한 행동을 하게 할지 정할 수 있습니다.

4 새로운 메시지 이름을 **닿았다**로 입력하고 **확인** 버튼을 누릅니다.

5 이번에는 고양이가 하트에 닿지 않았을 때의 메시지를 보내기 위해, **3, 4**와 같은 방식
으로 **새로운 메시지**를 만들고, 새로운 메시지 이름을 **닿지 않았다**로 정합니다.

  하트 스프라이트 프로그래밍하기

1 **하트 스프라이트**를 클릭합니다.

2 [이벤트] 팔레트에서 신호를 받았을 때 블록을 가져옵니다.

3 '닿았다' 신호를 받았을 때의 행동을 그 아래에 작성하면 됩니다. 우리는 고양이가 하트에 닿으면 하트의 색깔을 빨간색으로 바꾸기 위해 [형태] 팔레트의 `모양 바꾸기` 블록을 아래에 연결합니다.

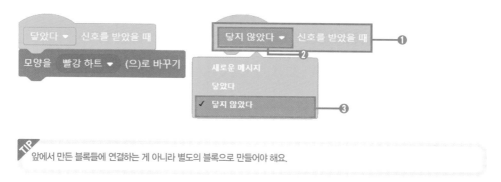

4 고양이가 하트에 닿지 않았을 때에는 하트의 색깔을 파란색으로 바꾸기 위해 [이벤트] 팔레트에서 `신호를 받았을 때` 블록을 가져온 다음 '닿았다'를 **닿지 않았다**로 바꿉니다.

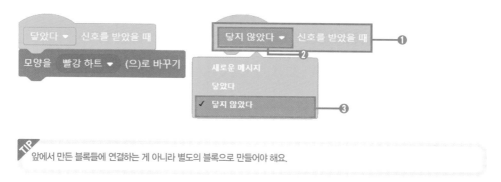

> TIP
> 앞에서 만든 블록들에 연결하는 게 아니라 별도의 블록으로 만들어야 해요.

5 하트의 색깔을 파란색으로 바꾸기 위해 [형태] 팔레트의 `모양 바꾸기` 블록을 가져옵니다. 그리고 **파랑 하트**를 선택합니다.

6 프로그래밍을 완성했으니 실행해 볼까요? 스크래치 실행 화면의 초록색 깃발(🏳)을 클릭하세요. 여러분이 마우스를 움직이면 고양이가 따라 다니고, 고양이가 하트에 닿으면 하트가 빨간색으로, 닿지 않았을 때는 파란색으로 바뀌는 것을 볼 수 있습니다. 마우스 (쥐)를 따라다니는 고양이의 마음, 귀엽지 않나요?

TIP 실행을 멈추려면 초록색 깃발 옆에 있는 빨간 동그라미(●)를 클릭하세요.

지금까지 스크래치가 무엇인지 알아보고, 간단한 프로그램을 만들면서 스크래치 3.0의 사용 방법을 익혔습니다. 이제부터 간단한 인공지능 모델을 직접 만들어 보고 스크래치로 그 모델을 사용해 보겠습니다.

UNIT 10 감정 표현 로봇 만들기

프로
젝트

ARTIFICIAL INTELLIGENCE FOR EVERYONE

머신러닝 for 키즈와 스크래치 3.0를 사용하여 여러분의 말을 듣고 자신의 감정을 나타내는 인공지능 로봇을 만들어 보겠습니다.

1 감정 표현 로봇 알아보기

여러분은 어떤 말을 들으면 기분이 좋아지나요? 아니면 어떤 말을 들으면 기분이 나빠지나요? 누군가가 나에게 칭찬하는 말을 한다면 기분이 좋아지고, 내가 듣기 싫은 말을 한다면 기분이 나빠질 것입니다.

인공지능 로봇이 나오는 거의 모든 SF 영화에서 로봇들은 감정을 가집니다. 그리고 영화에서뿐만 아니라 지금 개발된 여러 로봇 또한 자신의 감정을 표현할 수 있습니다. 심지어 사람이 하는 말을 듣고 로봇 자신의 감정을 표정, 말투 등으로 나타낼 수 있습니다.

어떻게 하면 인공지능이 감정을 갖도록 할 수 있을까요? 지금부터 우리의 말을 듣고 인식하여 '기분이 좋다' 또는 '기분이 나쁘다'로 감정을 표현하는 인공지능 모델을 만들겠습니다.

2 인공지능 모델 만들기

우리는 "넌 최고야.", "참 예쁘구나." 같은 말을 들으면 기분이 좋고, "넌 왜 그러니?", "바보 같아!"라는 말을 들으면 기분이 나쁩니다. 누군가 학습시키지 않아도 살면서 자연스럽게 학습한 것이지요.

하지만 인공지능 로봇은 감정이 없기 때문에 어떤 종류의 말을 들었을 때 '기분이 좋다' 또는 '나쁘다'와 같은 감정을 표현할 수 없습니다. 따라서 먼저 이를 인공지능 모델에 학습시켜야 합니다.

1 크롬 브라우저에서 머신러닝 for 키즈 사이트로 이동한 후 **시작해봅시다** 버튼을 클릭합니다.

URL https://machinelearningforkids.co.uk

2 **지금 실행해보기** 버튼을 클릭합니다.

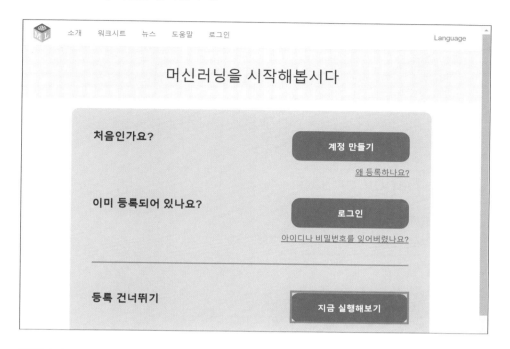

> **TIP**
> 이 장에서는 로그인을 하지 않고 '지금 실행해보기' 버튼을 클릭해도 프로젝트를 만들 수 있습니다. 하지만 Unit 12에서 이미지 인식
> 프로젝트를 실습하려면 반드시 로그인을 해야 하므로, 지금부터 '로그인'을 해두면 편리합니다. 로그인 방법은 부록 A를 참고하세요.

3 **프로젝트 추가** 버튼을 클릭합니다.

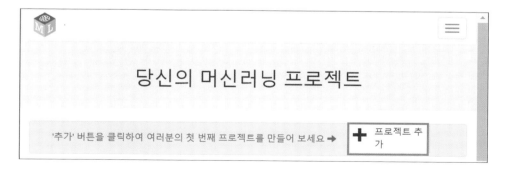

4 프로젝트 이름에 **Happy or Sad**(기분이 좋을 때와 나쁠 때)라고 적고, 인식 방법에 **텍스트**, 그리고 언어는 **Korean**(한국어)을 선택한 후 **만들기** 버튼을 클릭합니다.

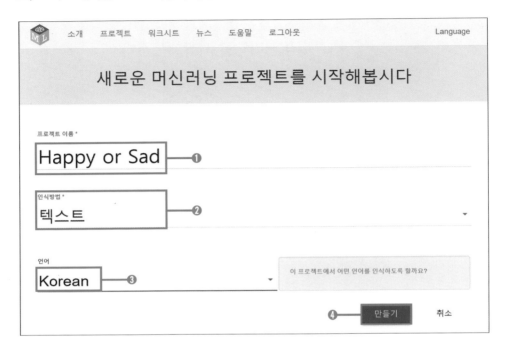

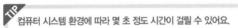 컴퓨터 시스템 환경에 따라 몇 초 정도 시간이 걸릴 수 있어요.

 질문 있어요 **프로젝트 이름을 한글로 해도 되나요?** --------------------------------

머신러닝 for 키즈 사이트에서 만드는 프로젝트 이름은 영어만 가능합니다. 그 이유는 머신러닝 for 키즈는 IBM의 왓슨을 사용하는데, 왓슨이 영어 기반의 프로그램이기 때문이지요.

5 '당신의 머신러닝 프로젝트' 리스트에 **Happy or Sad**가 있는지 확인하고 이를 클릭합니다.

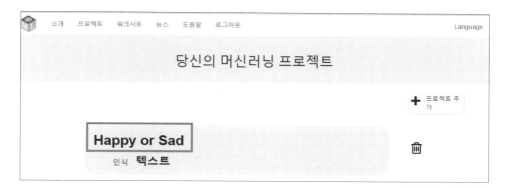

6 이제 머신러닝 모델을 만들 준비가 끝났습니다. **훈련** 버튼을 클릭합니다.

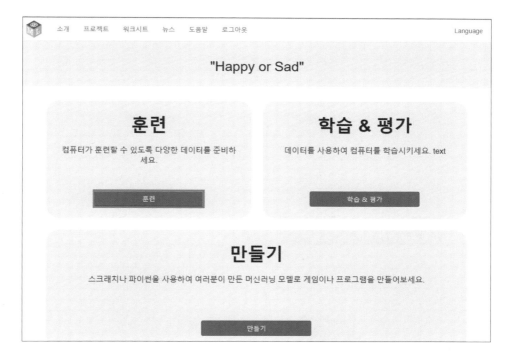

3 인공지능 훈련시키기

인공지능에게 어떤 말을 들으면 기분이 좋고(Happy) 나쁜지(Sad)를 본격적으로 훈련시켜 봅시다.

1 **새로운 레이블 추가** 버튼을 클릭합니다.

> **TIP** 레이블(label)은 인공지능에게 명령하는 경우 이 명령이 어떤 명령인지 구별할 때 사용합니다. 이 프로젝트에서는 Happy와 Sad라는 두 개의 레이블을 만들기 때문에, 인공지능 모델은 사용자의 말을 듣고 happy와 sad 둘 중 하나로 감정을 인식하게 됩니다.

2 행복할 때에 인식할 말을 담을 **Happy**라는 레이블 이름을 넣고 **추가** 버튼을 클릭합니다.

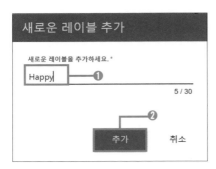

> **TIP** 레이블을 추가하면 사이트에 적용되기까지 시간이 몇 초 정도 걸릴 수 있습니다.

3 Happy 레이블의 **데이터 추가** 버튼을 클릭합니다.

4 들으면 기분이 좋을 만한 말들을 입력합니다. 예를 들어 **넌 참 멋지구나**와 같이 입력하면 인공지능이 이러한 종류의 말은 기분이 좋을 때, 즉 Happy 레이블에 해당하는 말로 인식합니다. **추가** 버튼을 클릭합니다.

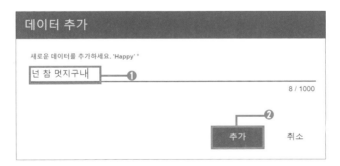

5 마찬가지로 **새로운 레이블 추가** 버튼을 클릭하여 슬플 때로 인식하는 말을 담는 **Sad 레이블**을 만들고 데이터를 추가합니다. 다음은 Happy 레이블과 Sad 레이블의 명령어 예시입니다. **데이터 추가** 버튼을 눌러 여러분이 생각하는 기분이 좋은 말과 나쁜 말을 각각 입력해 보세요.

> **TIP**
> 각 레이블당 필요한 최소한의 데이터는 5개입니다. 하지만 올바른 학습이 이루어지려면 적어도 15개 이상의 데이터가 필요합니다. 비슷한 단어를 계속하여 입력하는 것보다는 다양한 단어를 입력하면 인공지능이 더욱 더 폭넓게 학습할 수 있습니다.

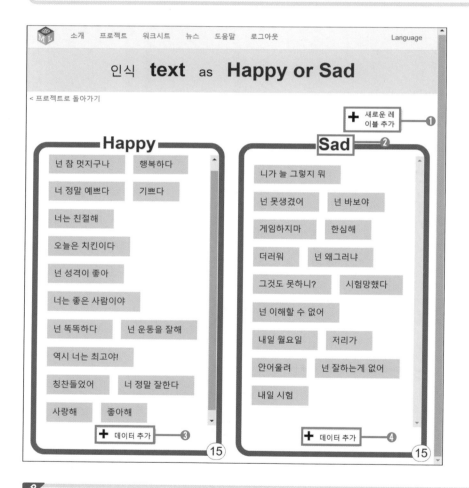

> **TIP**
> 레이블이나 데이터를 실수로 잘못 입력했을 경우에는 마우스 포인터를 레이블이나 데이터 위로 가져가면 나타나는 X 표시를 클릭해서 지우고 새로 입력하세요!

4 인공지능 학습하고 평가하기

인공지능이 학습할 데이터를 입력했으니 이제 학습을 시켜야겠죠?

1 화면 위쪽의 **프로젝트로 돌아가기**를 클릭합니다.

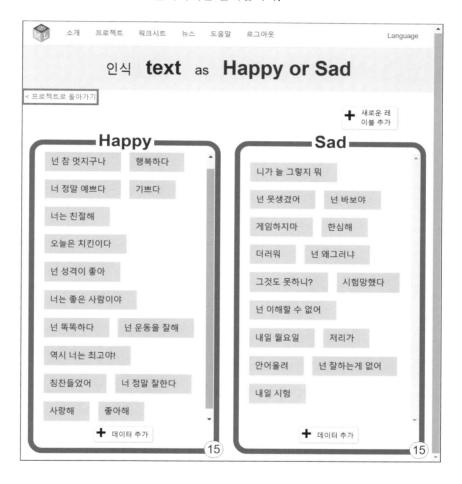

2 **학습 & 평가** 버튼을 클릭합니다.

3 우리가 입력한 데이터를 인식할 수 있는 인공지능 모델을 만들겠습니다. **새로운 머신러닝 모델을 훈련시켜보세요.** 버튼을 클릭합니다.

4 인공지능 모델이 학습을 시작한 시간과 함께 모델의 상태가 **Training**(학습 중)이라고 표시됩니다. 학습이 완료될 때까지 잠시 기다리세요.

트레이닝 컴퓨터 정보:

시작한 시간: Monday, June 17, 2019 3:25 PM
모델의 상태: Training
최근 모델 체크 시간: a few seconds ago ❷

훈련 취소

5 학습이 완료되면 다음과 같이 사용 가능한 모델이 나옵니다. 그리고 모델을 평가할 수 있는 화면이 나옵니다. **멋지다**라고 입력하고 **Test** 버튼을 누르세요.

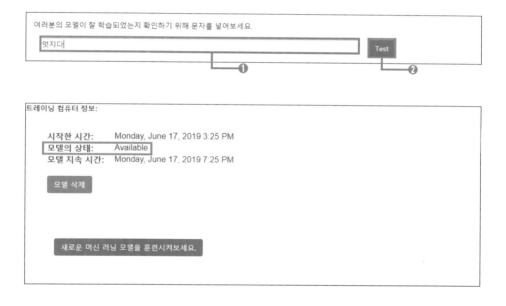

여러분의 모델이 잘 학습되었는지 확인하기 위해 문자를 넣어보세요.

멋지다

Test

❶　　　❷

트레이닝 컴퓨터 정보:

시작한 시간: Monday, June 17, 2019 3:25 PM
모델의 상태: Available
모델 지속 시간: Monday, June 17, 2019 7:25 PM

모델 삭제

새로운 머신 러닝 모델을 훈련시켜보세요.

6 인공지능이 이 말을 89%의 정확도(confidence)로 Happy 레이블로 인식하는 것을 볼 수 있습니다. 제대로 훈련이 된 것 같죠?

여러분의 모델이 잘 학습되었는지 확인하기 위해 문자를 넣어보세요.

멋지다   Test

Happy(으)로 인식되었습니다.
with 89% confidence

> **TIP** 동일한 데이터로 학습시켰더라도 정확도가 조금씩 다르게 나올 수 있습니다.

5 스크래치에서 감정 표현 로봇 프로그램 만들기

지금까지 감정을 표현하는 인공지능을 만들어 보았습니다. 다음으로 스크래치에서 실제로 인공지능을 사용한 프로그램을 만들어 보겠습니다.

1 **프로젝트로 돌아가기** 버튼을 클릭한 후 **만들기** 버튼을 클릭합니다.

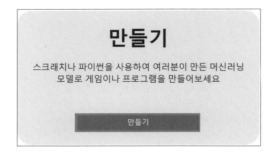

만들기

스크래치나 파이썬을 사용하여 여러분이 만든 머신러닝
모델로 게임이나 프로그램을 만들어보세요

만들기

2 우리가 만든 머신러닝 모델을 적용시킬 수 있는 다양한 프로그램이 나옵니다. 그중에서 **스크래치 3** 버튼을 클릭합니다.

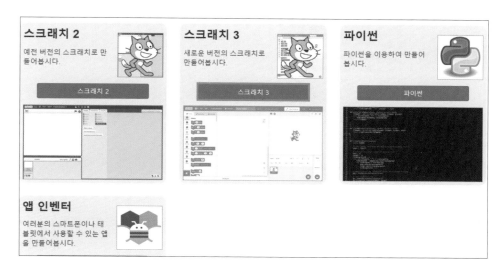

3 화면 위쪽의 **스크래치 3 열기** 버튼을 클릭합니다.

4 크롬 브라우저에서 새 탭이 열리면서 스크래치 3.0 화면이 나오고 팔레트 메뉴 맨 아래에 [Happy or Sad] 팔레트가 추가된 것을 볼 수 있습니다.

> **TIP** 새로운 검은색 블록 모음이 나왔네요. 바로 이 블록 모음이 여러분이 만든 인공지능 모델과 관련된 블록들입니다. 우리는 이 블록을 사용하여 인공지능을 사용할 것입니다.

5 감정 표현 로봇을 만들기 위해 기존에 있던 **고양이 스프라이트**를 마우스 오른쪽 버튼을 클릭하고 **삭제**를 클릭하여 삭제합니다.

6 오른쪽 아래에 있는 고양이 모양의 **스프라이트 만들기** 버튼(🐱)에 마우스 포인터를 가져가면 다양한 메뉴가 나옵니다. 붓 모양의 **그리기**를 선택합니다.

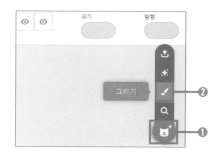

> **TIP** 스프라이트 만들기 버튼을 클릭하면 이미 만들어진 스프라이트 선택 창으로 이동합니다. 클릭하지 말고 마우스 포인터만 올려 놓아야 선택 메뉴가 나옵니다.

7 스프라이트의 이름을 **감정 표현 로봇**으로 수정합니다.

8 화면 왼쪽의 그림판에서 감정 표현에 관련된 이미지를 그려줍니다. **붓 도구**를 선택하고
채우기 색을 **빨간색**으로, 두께를 **40**으로 지정하여 다음과 같이 기분이 좋을 때(Happy)
를 의미하는 웃는 모습을 그립니다.

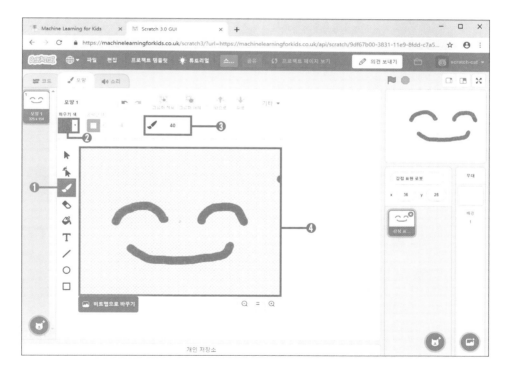

9 그린 모양의 이름을 **Happy**로 정합니다.

10 감정 표현 로봇이 항상 기쁘지는 않습니다. 기분 나쁠 때와 그저 그럴 때에 해당하는 표
정을 그리기 위해 왼쪽 아래에 있는 **그리기** 아이콘을 클릭합니다.

> **TIP** 새로운 스프라이트를 만드는 것이 아니에요. 왼쪽 아래에 있는 그리기 아
> 이콘을 사용해서 모양을 추가해야 합니다.

11 슬플 때의 표정 이미지를 그린 후 이 모양의 이름을 **Sad**로 지정합니다.

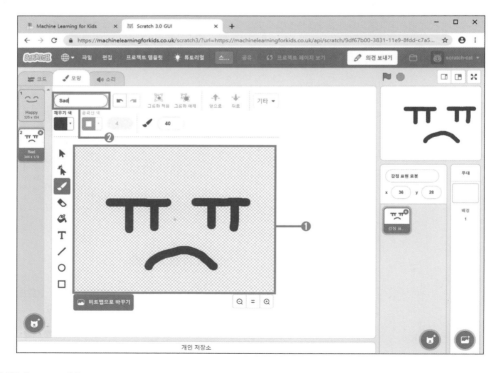

12 같은 방법으로 그저 그럴 때의 표정 이미지를 그리고 모양의 이름을 **soso**로 지정합니다.

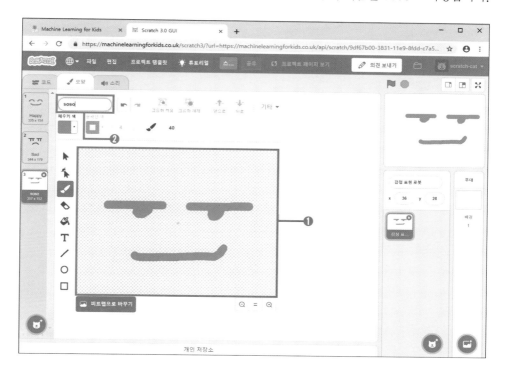

6 인공지능 프로그래밍하기

지금까지 스크래치로 감정 표현 로봇이 감정을 나타낼 스프라이트를 만들었습니다. 이제 감정 표현 로봇에 필요한 프로그래밍을 해 보겠습니다. 이 프로그램의 알고리즘은 다음과 같습니다.

❶ 인공지능이 여러분의 말을 기다립니다.

❷ 인공지능이 여러분의 말을 인식하여 그때의 감정을 판단합니다.

❸ 판단한 감정에 해당하는 표정을 나타냅니다.

1 사용자의 말을 기다리는 블록을 만들어 봅시다. [코드] 탭을 클릭하고 [이벤트] 팔레트에서 `깃발을 클릭했을 때` 블록을 가져옵니다.

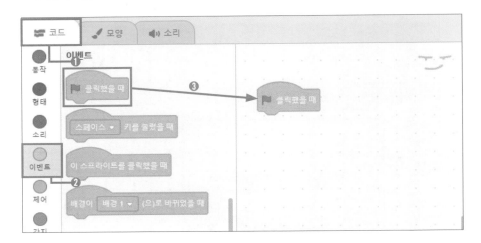

2 감정 인식을 계속하기 위해 [제어] 팔레트의 `무한 반복하기` 블록과 [감지] 팔레트의 `묻고 기다리기` 블록을 가져와서 연결합니다.

> **TIP** 감정 표현 로봇은 끊임없이 여러분의 말을 기다립니다. 이렇게 계속하여 명령을 기다리는 모습을 표현하기 위해 무한 반복하기 블록을 넣습니다.

3 `묻고 기다리기` 블록의 'What's your name?'을 지우고 **나에게 말을 해주세요**라고 입력합니다.

4 로봇의 처음 표정을 지정합니다. [형태] 팔레트의 모양 바꾸기 블록을 연결하고 soso로 바꿔 줍니다.

5 인공지능 모델이 사용자의 말을 판단할 수 있도록 조건 블록을 사용하겠습니다. [제어] 팔레트의 만약 ~(이)라면~아니면 블록을 다음과 같이 연결합니다.

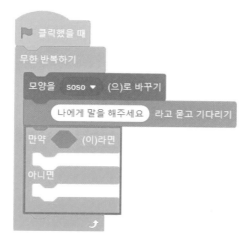

6 [연산] 팔레트의 블록을 가져와서 블록의 육각형 자리에 넣습니다.

7 이번에는 드디어 인공지능 블록을 넣을 차례입니다. 사용자의 말을 듣고 감정을 판단할 수 있도록 해 봅시다. [Happy or Sad] 팔레트에서 텍스트 인식하기(레이블) 블록과 Happy 블록을 가져와서 다음과 같이 각각 자리에 넣습니다.

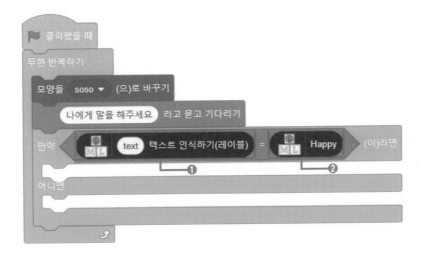

> **TIP** 조건 구조를 사용하면 조건이 참인 경우와 거짓인 경우를 구분하여 명령을 내릴 수 있습니다. 여기서는 인공지능이 판단한 레이블이 Happy일 때를 조건의 '참'이라고 합니다.

8 사용자가 입력한 글자는 대답 블록에 있습니다. 인공지능이 대답을 인식할 수 있도록 [감지] 팔레트에서 대답 블록을 가져와서 텍스트 인식하기(레이블) 블록의 'text' 자리에 넣습니다.

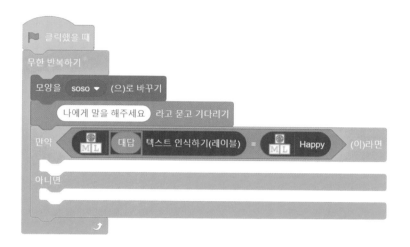

9 사용자의 대답을 인공지능이 Happy라고 인식하면 스프라이트의 모양을 웃는 얼굴로 바꿉니다. [형태] 팔레트에서 모양 바꾸기 블록을 가져와서 연결하고 **Happy**로 지정합니다.

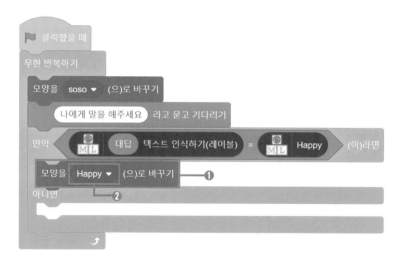

TIP 99쪽에서 웃는 얼굴을 직접 그리고 스프라이트 이름을 Happy로 지정하였습니다. 만약 다른 이름으로 지정하였다면 해당 이름을 선택하세요.

10 모양을 1초 동안 보여주기 위해 [제어] 팔레트의 `1초 기다리기` 블록을 넣습니다.

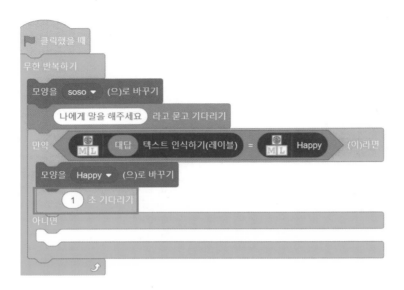

11 만약 인공지능이 사용자의 대답을 Happy가 아닌 Sad라고 인식한다면 스프라이트의 모양을 **Sad**로 바꾸고 1초 기다리도록 다음과 같이 블록을 연결합니다.

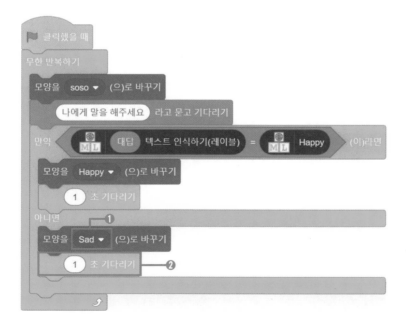

7 실행하고 저장하기

인공지능 감정 로봇 프로그램을 만들었으니 실행하고 저장하겠습니다.

1 초록색 깃발(▶)을 누릅니다. 아래에 여러분이 대답을 입력할 수 있는 칸이 생기면 **널 사랑해**라고 입력합니다.

2 로봇이 1초 동안 방긋 웃습니다.

> **TIP**
> '널 사랑해' 외에도 '예쁘구나', '멋진 녀석이야', '널 미워해' 등 여러 단어를 입력해 보세요. 앞에서 인공지능 모델을 학습할 때 데이터로 입력하지 않았던 단어를 입력해 보세요. 이때 만약 충분한 명령어 데이터를 입력하지 않았다면 정확한 결과가 나오지 않을 수도 있습니다.

3 스크래치 메뉴에서 **파일 〉 컴퓨터에 저장하기**를 클릭합니다. 여러분이 원하는 폴더를 지정하고 파일명을 '**감정표현로봇**'으로 저장합니다.

 도전해 보세요!

지금의 감정 표현 로봇은 행복하거나 슬플 때만 구별할 수 있습니다. 하지만 사람의 감정은 행복과 슬픔뿐만 아니라, 즐거움, 노여움, 불안함, 뿌듯함 등 다양합니다. 감정 레이블을 추가해서 인공지능 모델이 더 다양한 감정을 표현할 수 있도록 프로그램을 발전시켜 보세요.

Step 1 머신러닝 for 키즈 탭 사이트에서 **프로젝트로 돌아가기**를 클릭합니다.

Step 2 **훈련** 버튼을 클릭합니다.

Step 3 우리가 앞에서 입력한 기쁨과 슬픔에 대한 레이블이 보입니다. **새로운 레이블 추가** 버튼을 클릭합니다.

Step 4 다음과 같이 즐거움과 노여움에 대한 레이블을 각각 **Fun**과 **Angry**라는 이름으로 추가합니다. 관련된 데이터를 추가하여 인공지능 모델을 훈련시켜 보세요.

Step 5 즐거울 때와 노여울 때의 스프라이트 모양을 만들어 보세요.

Step 6 다음 스크립트를 참고하여 직접 프로그래밍을 추가해 보세요.

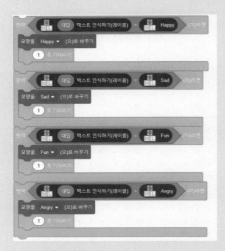

※ 정답은 부록 B를 참조하세요.

스마트 교실 만들기

ARTIFICIAL INTELLIGENCE FOR EVERYONE

프로젝트

이 장에서는 우리의 말을 알아듣고 명령에 따라 교실의 다양한 장치들을 켜고 끄는 스마트 교실을 만들겠습니다.

1 스마트 교실 알아보기

무더운 여름날 체육 시간이 끝난 뒤, 여러분이 "어휴~ 더워!"라고 말했을 때 선풍기가 그 말을 알아듣고 스스로 선풍기를 돌려준다면 어떨까요? 또는 "교실이 너무 어두운 것 같아!"라는 말에 반응하여 자동으로 전등이 켜진다면 아주 편리하겠죠?

여러분의 명령을 인식하여 선풍기나 전등을 켜거나 끄는 인공지능 모델을 만들려면 무엇을 먼저 해야 할까요?

맞습니다. 먼저 선풍기나 전등을 켜고 끄는 다양한 명령어를 인공지능 모델에게 학습시켜야 합니다. 예를 들어, 인공지능 모델에게 "추워요!", "소름 돋아!", "선풍기 꺼 줘!"라는 명령어가 모두 '선풍기를 꺼라'는 명령이라는 것을 학습시켜야 합니다.

2 인공지능 모델 만들기

1 https://machinelearningforkids.co.uk/로 이동한 후 **시작해봅시다**를 클릭합니다.

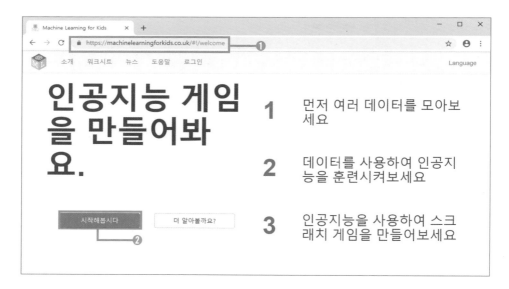

2 **지금 실행해보기** 버튼을 클릭합니다.

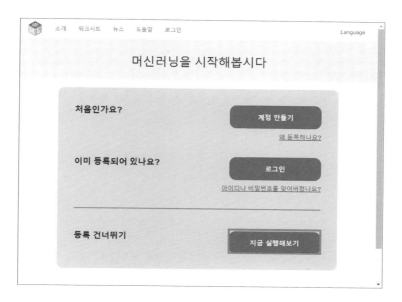

> **TIP**
> Unit 10에서 학습했던 동일한 계정으로 로그인했을 경우 '프로젝트로 이동' 버튼을 누릅니다.

3 **프로젝트 추가** 버튼을 클릭합니다.

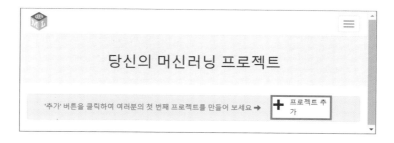

4 프로젝트 이름에 **smart classroom**이라고 적고, 인식 방법에 **텍스트** 그리고 언어는 **Korean(한국어)**을 선택한 후 **만들기** 버튼을 클릭합니다.

5 프로젝트 리스트에 smart classroom이 있는지 확인한 후 클릭합니다.

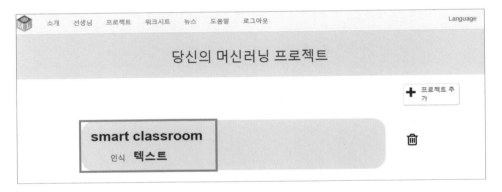

6 **훈련** 버튼을 클릭합니다.

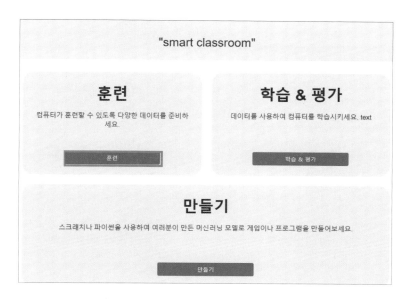

3 인공지능 훈련시키기

1 **새로운 레이블 추가** 버튼을 클릭합니다.

2 전등을 켜는 명령어를 담는 **lamp_on** 레이블을 만들기 위해 **lamp_on**을 입력하고 **추가** 버튼을 클릭합니다.

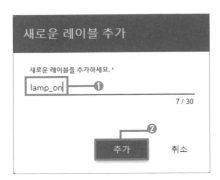

TIP 레이블은 인공지능에게 명령을 하였을 때 어떤 명령인지 구별하기 위한 이름표 역할을 한다고 배웠습니다(38쪽 참고).

3 계속해서 전등을 끄는 명령을 담는 **lamp_off** 레이블과 선풍기를 켜고 끄는 명령을 담는 **fan_on**, **fan_off** 레이블을 만듭니다. 그런 다음 lamp_on 레이블의 **데이터 추가** 버튼을 클릭합니다.

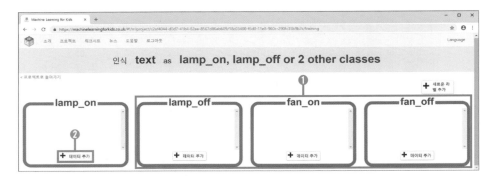

4 여러분이 전등을 켜고 싶을 때 말할 명령어들을 데이터로 입력합니다. 예를 들어 아래 그림과 같이 **전등을 켜 주세요**를 입력하고 **추가** 버튼을 클릭합니다.

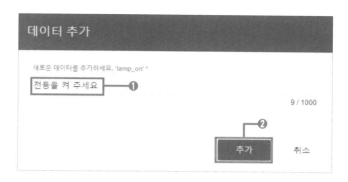

5 다음은 lamp_on, lamp_off 레이블의 명령어 예시입니다. 예시를 참고하여 전등을 켜고 끄는 명령어 데이터를 각각 15개씩 입력해 보세요.

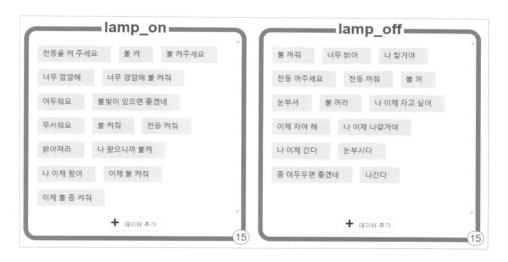

> **TIP**
> 인공지능은 데이터를 이용하여 공부를 합니다. 그러므로 데이터가 많을수록 더 똑똑해집니다. 이번 예제에서도 레이블별로 15개보다 더 많은 데이터를 넣는다면 더 똑똑한 인공지능을 만들 수 있답니다.

6 이번엔 선풍기를 켜고 끄는 명령어인 fan_on, fan_off 레이블에 해당하는 데이터를 15개씩 입력해 보세요.

 만약 같은 데이터를 중복해서 입력할 경우 "That is already in your training data(훈련 데이터에 이미 있는 단어입니다)"라고 에러 메시지가 나옵니다. 그럴 때는 입력한 데이터를 지우고 새로 입력하세요.

4 인공지능 학습하고 평가하기

1 **프로젝트로 돌아가기**를 누릅니다.

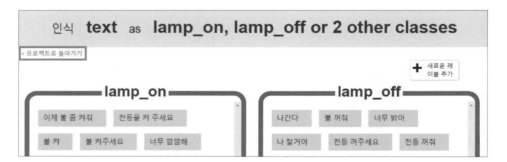

2 **학습 & 평가** 버튼을 클릭합니다.

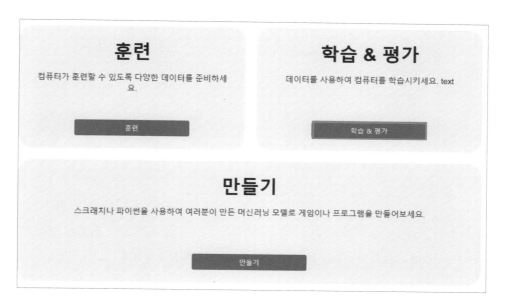

3 **새로운 머신러닝 모델을 훈련시켜보세요.** 버튼을 클릭하여 여러분이 입력한 데이터를 인식할 수 있는 인공지능 모델을 만듭니다.

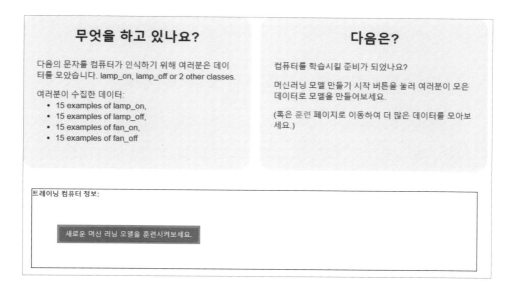

4 학습이 완료되면 다음과 같이 사용 가능한(Available) 모델이 나옵니다.

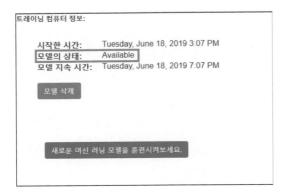

5 그리고 모델을 평가할 수 있는 화면이 나옵니다. 예를 들어 **선풍기 꺼**라고 입력하면 100%의 정확도로 **fan_off**로 인식되었다는 결과가 나옵니다.

5 스크래치에서 스마트 교실 프로그램 만들기

스크래치에서 스마트 교실 프로젝트를 불러오겠습니다.

1 **프로젝트로 돌아가기** 버튼을 클릭한 후 **만들기 〉 스크래치 3** 버튼을 차례로 클릭합니다.

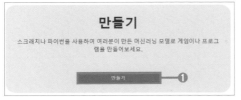

2 **스크래치 3 열기** 버튼을 클릭합니다.

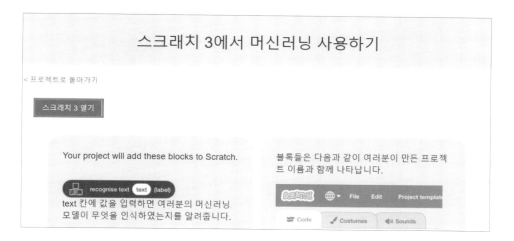

3 스크래치 화면이 열리고 팔레트 메뉴에 [smart classroom] 팔레트가 생긴 것을 볼 수 있습니다. 이제 우리가 만든 스마트 교실 인공지능 모델을 스크래치에서 사용할 수 있습니다.

인공지능 블록 설명

이번 예제에서 사용할 인공지능 블록은 다음과 같습니다. 특히 텍스트 인식하기 블록의 두 종류인 '레이블'과 '정확도'가 어떻게 다른지 잘 기억하세요.

❶ (ML) (text) 텍스트 인식하기(레이블)

text 자리에 글자를 넣으면, 인공지능 모델이 인식한 결과를 여러분이 작성한 레이블 중 하나로 나타냅니다.

❷ (ML) (text) 텍스트 인식하기(정확도)

자리에 글자를 넣으면, 인공지능 모델이 인식한 결과에 대한 정확도를 0~100 사이의 값으로 나타냅니다. 숫자가 높을수록 정확하다는 의미입니다.

❸ (ML) lamp_on

여러분이 작성한 레이블을 나타냅니다. 레이블은 인공지능이 각각을 구분하는 항목을 의미합니다. 여기에서는 lamp_on(전등 켜기), lamp_off(전등 끄기), fan_on(선풍기 켜기), fan_off(선풍기 끄기)가 각각의 레이블입니다.

4 스크래치 메뉴의 **프로젝트 템플릿**을 클릭합니다.

> **TIP** 프로젝트 템플릿이란 머신러닝 for 키즈에서 인공지능 프로그램을 조금 더 쉽게 만들 수 있도록 미리 만들어 놓은 것입니다.

5 여러 가지 템플릿이 보이네요. **스마트 교실**을 클릭합니다.

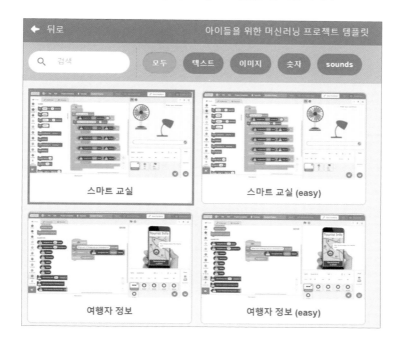

> **TIP** 스마트 교실(easy) 템플릿은 거의 모든 코딩이 완료되어 있는 것입니다. 코딩이 어렵다면 easy 버전으로 시작해 보세요.

6 다음과 같이 smart classroom 템플릿이 적용된 모습을 확인할 수 있습니다.

> **TIP** 스프라이트 창을 보면 세 개의 스프라이트가 있습니다. 각 스프라이트를 클릭하여 기본 프로그래밍이 되어 있는 것을 확인해 보세요.

7 실행 화면을 보면 선풍기(fan)와 전등(lamp) 스프라이트가 있으며, 배경에는 교실 (classroom) 스프라이트가 있습니다. **lamp** 스프라이트를 클릭합니다.

8 다음과 같이 세 꾸러미의 블록이 있습니다. 각각 전등을 켜고 끄는 모습을 나타내는 블록들입니다.

9 마찬가지로 **fan 스프라이트**를 클릭하면 다음과 같이 선풍기를 켜고 *끄는* 블록이 나옵니다.

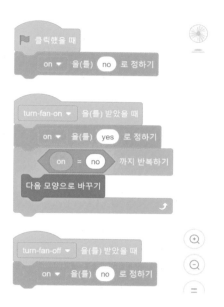

6 인공지능 프로그래밍하기

인공지능을 사용하여 스마트 교실 프로그램을 만들어 보겠습니다. 프로그램의 알고리즘은 다음과 같습니다.

❶ 인공지능이 여러분의 명령을 기다립니다.

❷ 여러분의 명령을 인식하여 네 가지 레이블 중 어떤 명령인지 판단합니다.

❸ 인공지능 모델이 해당 명령을 실행하여 선풍기와 전등을 *끄거나* 켭니다.

1 classroom 스프라이트를 클릭하고 `무한 반복하기` 블록과 `묻고 기다리기` 블록을 가져온 다음 **명령을 내려주세요**로 수정합니다.

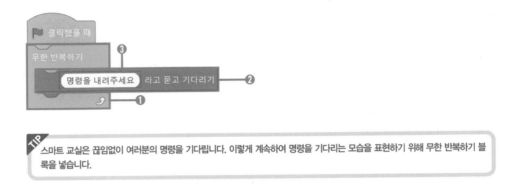

> **TIP** 스마트 교실은 끊임없이 여러분의 명령을 기다립니다. 이렇게 계속하여 명령을 기다리는 모습을 표현하기 위해 무한 반복하기 블록을 넣습니다.

2 사용자의 명령이 전등을 켜는 명령일 때 전등을 켜도록 프로그래밍합니다. `만약~(이)라면` 블록과 `● = ●` 블록을 다음과 같이 넣어줍니다.

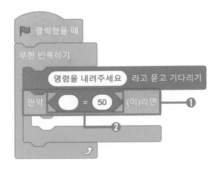

3 `텍스트 인식하기(레이블)` 블록과 `lamp_on` 블록을 다음과 같이 연결합니다.

4 사용자의 명령이 저장된 대답 블록을 연결합니다.

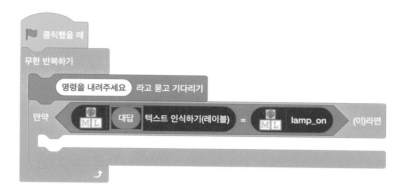

5 신호 보내기 블록을 가져와서 연결하고 **turn-lamp-on**으로 바꿉니다.

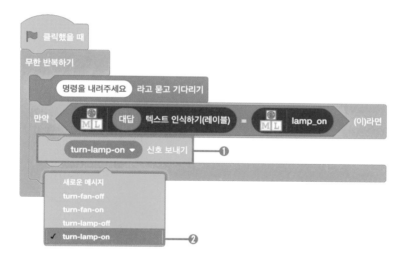

6 마찬가지로 사용자의 명령이 전등을 끄는 명령이라면 전등을 끄도록 만들어 봅시다.

만약~(이)라면 조건 블록 위에 마우스 오른쪽 버튼을 눌러 **복사하기**를 클릭합니다.

7 복사한 블록을 아래에 붙여 넣습니다.

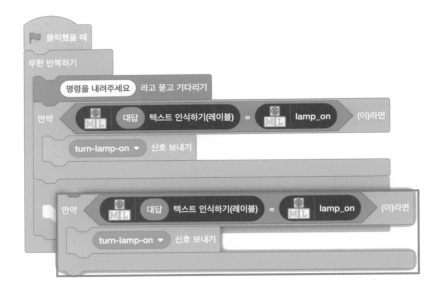

8 전등을 끄는 명령이므로 블록의 내용을 다음과 같이 **lamp_off**, **turn-lamp-on**으로 각
각 바꿔줍니다.

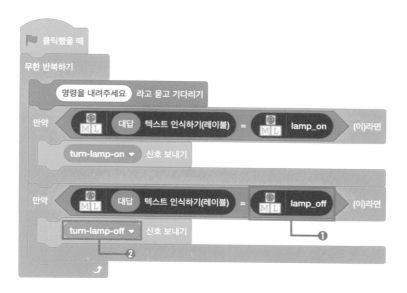

> **TIP**
> 새 블록을 가져다 넣으면 기존 블록이 밖으로 나옵니다. 바깥으로 나온 블록을 지우려면 마우스 오른쪽 버튼을 눌러 '블록 삭제하
> 기'를 클릭하면 됩니다.

9 **7~8**과 같은 방법으로 선풍기를 켜는 명령과 끄는 명령을 아래에 추가합니다.

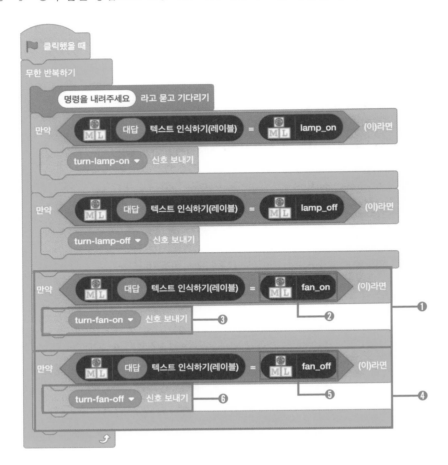

7 실행하고 저장하기

1 초록색 깃발(🏳)을 눌러 프로그램을 실행합니다. **너무 더워**라는 명령어를 입력하여 프로
그램이 제대로 작동하는지 확인해 보세요.

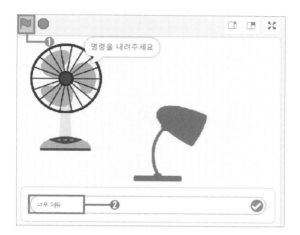

> **TIP** 다양한 명령어를 입력해서 실행해 보세요. 그리고 혹시 이상한 점이 없는지 잘 살펴보세요.

2 **파일 〉 컴퓨터에 저장하기** 메뉴를 클릭합니다. 폴더를 지정하고 파일명을 **스마트교실**로
저장합니다.

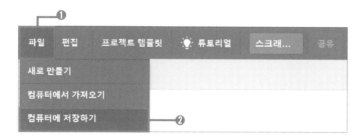

도전해 보세요!

혹시 프로그램에서 이상한 점을 발견했나요? "안녕", "가나다라"처럼 의미 없는 명령을 입력해도 특정한 동작, 예를 들어 불이 켜지거나 선풍기가 돌아가는 동작이 실행될 때가 있습니다. 잘못된 명령에 대해서는 다른 반응을 할 수 있도록 프로그램을 발전시켜 봅시다.

Step 1 '스마트교실' 전체 스크립트를 다음과 같이 두 개로 분리합니다.

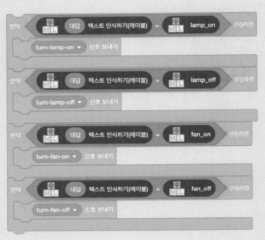

Step 2 우리가 입력한 명령어를 인공지능 모델이 판단할 때 정확도가 낮다면 그 명령을 실행하지 않고, 정확도가 높다면 그 명령을 실행하도록 만약~(이)라면, 아니면 블록을 안쪽에 추가합니다.

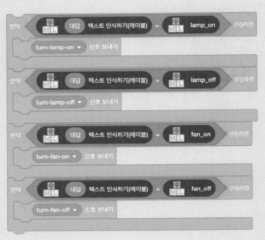

Step 3 텍스트 인식하기(정확도) 블록을 연결하고 비교 블록의 숫자를 **80**으로 수정합니다.

Step 4 정확도가 80보다 작을 때, 즉 사용자가 적절하지 않은 명령어를 입력했을 때는 인공지능이 '무슨 말인지 잘 모르겠어요'라고 말하도록 해 보세요.

Step 5 만약~(이)라면, 아니면 블록 안에는 Step 1 에서 분리한 블록을 넣습니다.

※ 정답은 부록 B를 참고하세요.

마법의 옷 만들기

ARTIFICIAL INTELLIGENCE FOR EVERYONE

지금까지 인공지능의 텍스트 인식 능력을 사용한 인공지능 프로그램을 만들었습니다. 인공
지능은 텍스트뿐만 아니라 사진과 같은 이미지를 인식하는 능력 또한 탁월합니다. 이번에는
인공지능의 이미지 인식 능력을 사용하여 주위 배경에 따라 색깔이 달라지는 옷을 만들어
보겠습니다.

▲ 주위 배경에 따라 옷 색깔이 달라지는 인공지능 프로그램 만들기

1 마법의 옷 알아보기

카멜레온은 주변 배경에 따라 몸 색깔을 마음대로 바꿀 수 있습니다. 카멜레온은 피부에 있
는 특별한 색깔 세포를 넓히거나 오므릴 수 있기 때문이죠.

자신의 몸 색깔을 바꿀 수 있는 이러한 고도의 위장술 덕분에 카멜레온은 천적으로부터 몸을 보호하거나 먹잇감을 손쉽게 사냥합니다. 카멜레온이 피부색을 바꾸는 원리를 응용하면, 배경에 따라 스스로 색깔을 바꾸는 옷이나 자동차 그리고 군사용 위장막 등 다양한 분야에서 획기적인 기술로 사용될 수 있습니다.

주변 색깔을 스스로 판단할 수 있는 인공지능을 사용한다면 이 기술은 쉽게 만들 수 있습니다. 예를 들어 주변에 빨간색이 많다면 이를 빨간색으로 인식하고, 노란색이 많다면 노란색으로 인식하는 등의 방법으로 말이죠.

이번에는 카멜레온이 주위 배경에 따라 색깔을 바꾸듯이, 주위의 배경색을 인식하는 인공지능을 만들어 보겠습니다. 그리고 이 인공지능을 사용하여 배경에 맞게 옷 색깔이 변하는 마법의 옷 프로그램을 만들어 보겠습니다.

2 ## 인공지능 모델 만들기

주변의 모든 색깔을 파악할 수 있는 인공지능을 만든다면 더할 나위 없이 좋겠지만, 여기서는 배경의 색을 빨강, 노랑, 파랑의 세 가지 색으로 인식할 수 있는 인공지능을 만들어 보겠습니다. 먼저 인공지능이 주변을 어떻게 빨강, 노랑, 파랑으로 표현할지에 대해 인공지능 모델을 학습시켜야 합니다.

1 머신러닝 for 키즈 사이트에 접속한 후 **로그인** 버튼을 클릭합니다.

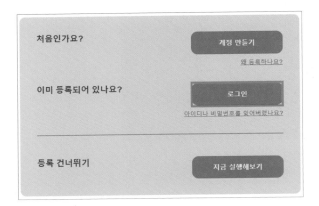

 잠깐만요 ·

반드시 로그인을 하세요!
텍스트 인식 프로젝트인 Unit 10~11에서는 별도의 로그인 과정 없이 **지금 실행해보기** 버튼을 클릭하여 실습을 진행하였습니다. 하지만 텍스트가 아닌 이미지를 인식하는 인공지능 모델을 만들기 위해서는 '로그인' 과정이 필요합니다.

계정을 만든 후 왓슨 API까지 추가해야 결과를 볼 수 있습니다. '부록 A'를 참고하여 계정을 만들고 로그인을 한 후 다음 과정을 진행하세요.

2 아이디와 비밀번호를 입력하고 **LOG IN**을 클릭합니다.

3 **프로젝트 추가** 버튼을 클릭하여 새로운 프로젝트를 만듭니다.

4 프로젝트 이름에 **magic clothes**(마법 옷)라고 적고, 인식 방법에 **이미지**를 선택한 후 **만들기** 버튼을 클릭합니다.

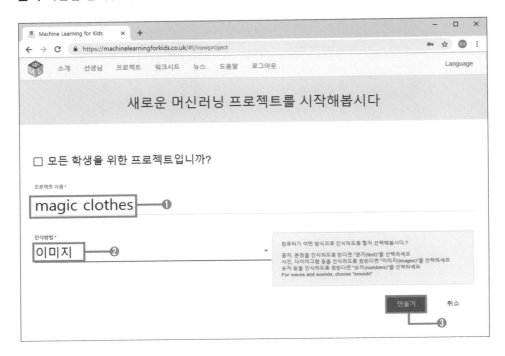

 잠 깐 만 요

'모든 학생을 위한 프로젝트입니까?'라는 옵션이 떠요!
머신러닝 for 키즈에 회원 가입을 할 수 있는 대상은 교사 혹은 코딩 클럽의 리더입니다. 즉, 머신러닝 for 키즈는 여러분이 다른 이들을 가르칠 수 있는 기능을 제공합니다. '모든 학생을 위한 프로젝트입니까?'에 체크를 하면 여러분이 만든 교실에 들어온 다른 사람들과 프로젝트를 공유하고 협업할 수 있습니다.

5 magic clothes 프로젝트가 생성된 것을 확인하고 이를 클릭합니다.

6 **훈련** 버튼을 클릭하여 머신러닝 모델을 만들 준비를 합니다.

3 인공지능 훈련시키기

1 모델에 데이터를 입력하기 위해 **새로운 레이블 추가** 버튼을 클릭합니다.

2 배경을 빨강, 노랑, 파랑으로 인식할 사진을 담는 **red, yellow, blue** 레이블을 각각 만듭니다.

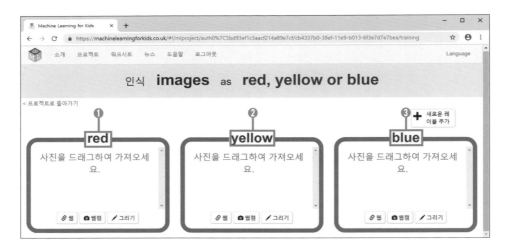

3 red 레이블에 인공지능이 사진을 빨강으로 인식할 수 있는 데이터를 입력하겠습니다. 웹 브라우저 창을 추가로 열고 구글 사이트(www.google.com)에 접속합니다. 검색 창에 **red jpg**를 입력해 검색하고 **[Images(이미지)]** 탭을 클릭하면 다양한 빨간색 배경 이미지가 나옵니다.

> **TIP** 머신러닝 for 키즈에는 그림 파일의 확장자를 jpg 또는 png 형식만 입력할 수 있습니다. 조금 더 간편하게 이미지를 입력하기 위해 검색 창에 red jpg, yellow jpg, blue jpg로 검색합니다. 물론 red png로 검색해도 됩니다.

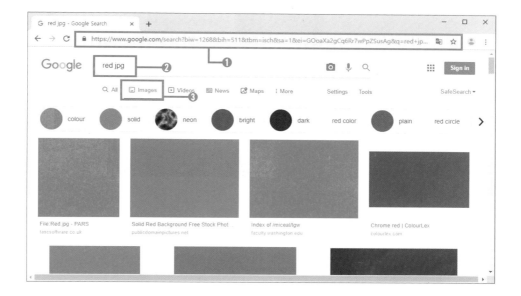

> **TIP** 이미지 데이터를 입력하는 방법은 총 3가지 입니다. 첫 번째는 앞에서 설명한 웹에서 가져오는 방법이며, 두 번째는 여러분의 컴퓨터 카메라를 사용하여 사진을 찍는 방법입니다. 세 번째는 여러분이 직접 그리는 방법입니다. 여기서는 첫 번째 방법을 사용하였습니다.

4 마음에 드는 이미지를 하나 선택하고, 마우스 오른쪽 버튼을 클릭하여 **이미지 주소 복사**를 클릭합니다.

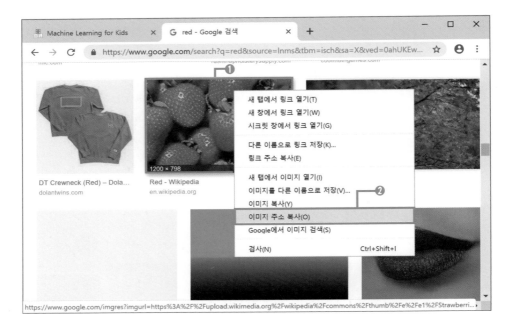

5 red 레이블의 **웹** 버튼을 클릭합니다.

6 **4**에서 복사한 주소를 붙여 넣고 **추가** 버튼을 클릭합니다.

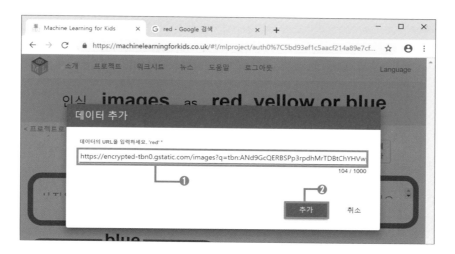

TIP
이미지를 추가하였을 때 에러 표시가 나오나요? 링크가 1000자 이상이거나 웹 사진의 특성상 복사 및 붙여넣기가 되지 않는 경우도 있습니다. 그럴 때는 다른 사진을 추가해 보세요.

잠깐만요

드래그 앤 드롭으로 이미지 추가하기

이 방법이 조금 귀찮다면 웹에서 직접 드래그 앤 드롭을 하여 이미지 데이터를 추가할 수 있습니다.

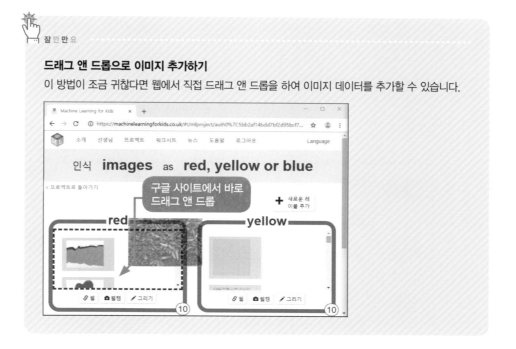

7 여러분이 선택한 사진이 red 레이블에 등록된 것을 확인합니다.

8 이와 같은 방법으로 각 색깔의 이미지를 10장 정도 연결합니다. 물론 이미지의 개수가 많으면 많을수록 좋습니다.

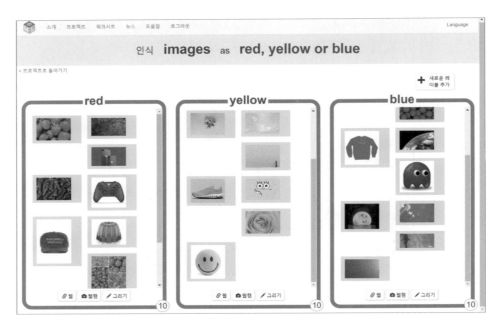

4 인공지능 학습하고 평가하기

1 **프로젝트로 돌아가기**를 누르고 **학습 & 평가** 버튼을 클릭합니다.

2 **새로운 머신러닝 모델을 훈련시켜보세요.** 버튼을 클릭합니다.

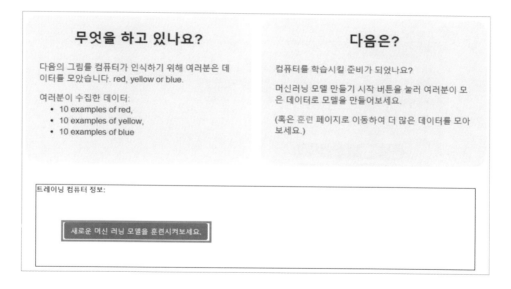

> **TIP** 이미지 모델은 텍스트 모델과 다르게 훈련 시간이 꽤 걸립니다. 인내심을 가지고 5분 이상 기다려 보세요.

3 학습이 완료되면 사용 가능한 모델이 나옵니다. 입력 창에 이미지 주소를 입력한 후 **인 터넷 자료로 테스트하기** 버튼을 클릭하면 정확도를 확인할 수 있습니다. 빨간색 계통의 사진을 입력하니 82%의 정확도로 red라고 인식하는 것을 볼 수 있습니다.

5 스크래치에서 마법의 옷 프로그램 만들기

1 프로젝트로 돌아가서 스크래치 3.0을 엽니다. 스크래치 블록 모음의 아래쪽에 [magic clothes] 팔레트가 생긴 것을 확인합니다.

2 고양이 스프라이트에서 마우스 오른쪽 버튼을 눌러 **삭제**를 클릭합니다.

3 **스프라이트 고르기**를 클릭합니다.

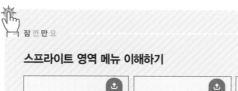

잠깐만요

스프라이트 영역 메뉴 이해하기

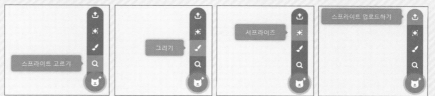

- **스프라이트 고르기:** 🔍 아이콘을 클릭하면 내장된 스프라이트를 골라 무대에 추가할 수 있습니다.
- **그리기:** ✏️ 아이콘을 클릭하면 자신만의 스프라이트를 만들 수 있는 에디터 화면을 열 수 있습니다.
- **서프라이즈:** ✴️ 아이콘을 클릭하면 내장된 스프라이트가 랜덤으로 나타납니다.
- **스프라이트 업로드하기:** ☁️ 아이콘을 클릭하면 로컬 디스크 드라이브의 메뉴가 열립니다. 업로드
  할 이미지 파일을 찾아 스크래치 작업 공간에 추가할 수 있습니다.

4 사람들 스프라이트인 **Dani**를 선택합니다.

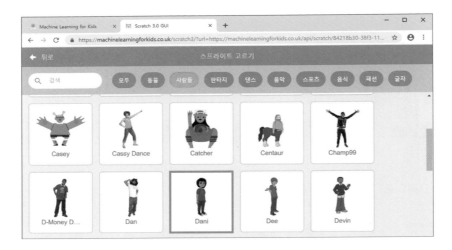

5 Dani 스프라이트에는 총 3가지의 모양이 있는데 우리는 첫 번째 모양만 사용하겠습니다. 따라서 두 번째와 세 번째 모양은 삭제합니다.

6 첫 번째 모양에서 마우스 오른쪽 버튼을 눌러 **복사**를 클릭합니다.

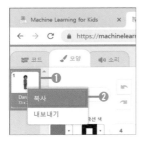

7 같은 모양을 두 번 복사해서 총 세 개의 모양을 만듭니다.

8 첫 번째 모양을 선택하고 채우기 색을 **빨간색**(색상 100, 채도 100, 명도 100)으로 바꾼 후, **페인트 도구**를 선택하여 몸통과 양 팔을 빨간색으로 채웁니다.

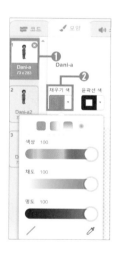

9 이 모양의 이름을 **red**로 바꿉니다.

10 두 번째 모양의 채우기 색은 **노란색**(색상 15, 채도 100, 명도 100)으로 바꾸고 몸통과 양 팔 부분을 노란색으로 채워줍니다. 이 모양의 이름을 **yellow**로 지정합니다.

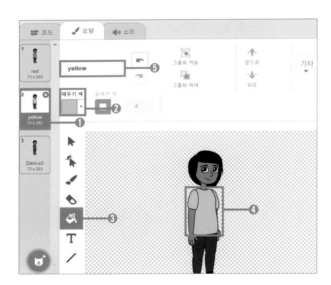

11 세 번째 모양의 채우기 색은 **파란색**(색상 70, 채도 100, 명도 100)으로 바꾸고 몸통과 양 팔 부분을 파란색으로 채워줍니다. 이 모양의 이름을 **blue**로 지정합니다.

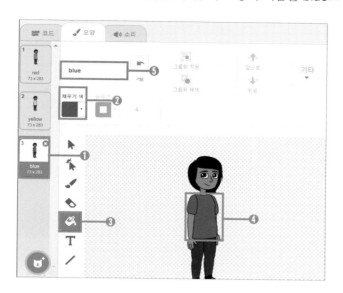

6 인공지능 프로그래밍하기

마법의 옷 프로그램의 알고리즘은 다음과 같습니다.

❶ 배경을 업로드합니다.

❷ 배경색을 인식하여, 빨강, 노랑, 파랑 중 하나로 판단합니다.

❸ 판단한 색으로 옷의 색깔을 바꿉니다.

1 [코드] 탭을 클릭하고 [이벤트] 팔레트에서 깃발을 클릭했을 때 블록을 가져옵니다.

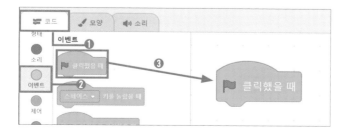

2 주변의 색깔을 계속 인식하기 위해 `무한 반복하기` 블록을 아래에 연결합니다.

3 인공지능이 판단한 정확도에 따라 옷의 색깔을 바꾸기 위해 `만약~(이)라면~아니면` 블록을 넣어줍니다.

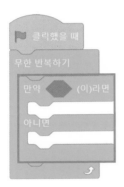

4 이미지를 인식할 때의 정확도를 나타내기 위해 `● > ●` 블록과 `이미지 인식하기(정확도)` 블록을 연결합니다. 정확도는 **70**보다 클 때로 정합니다.

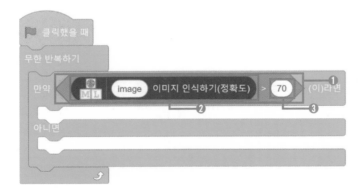

5 'image' 자리에 `backdrop image` 블록을 넣어줍니다.

6 인공지능이 배경을 빨간색으로 인식했을 때는 옷을 빨간색으로 바꾸도록 프로그래밍하 겠습니다. `만약~(이)라면` 블록과 `● = 50` 블록을 아래에 연결합니다.

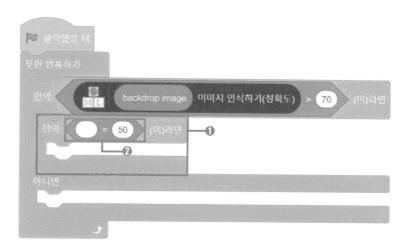

7 `이미지 인식 인공지능` 블록을 `● = 50` 블록 안쪽에 연결합니다.

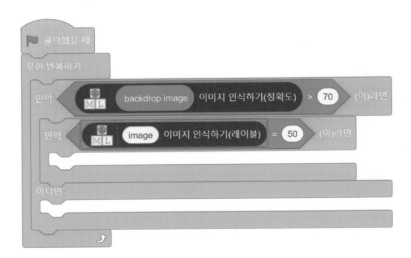

8 `이미지 인식하기(레이블)` 블록의 'image' 자리에 `backdrop image` 블록을 넣고, '50' 자리에 `red` 블록을 넣습니다.

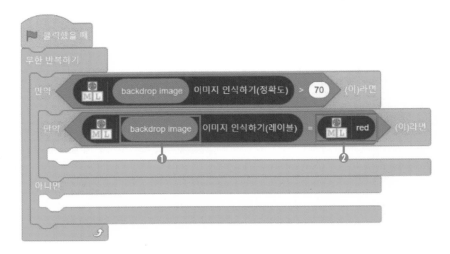

9 모양 바꾸기 블록을 만약~(이)라면 블록 안쪽으로 연결하고 **red**로 바꿔서 옷 색깔이 빨간색으로 바뀌도록 해줍니다.

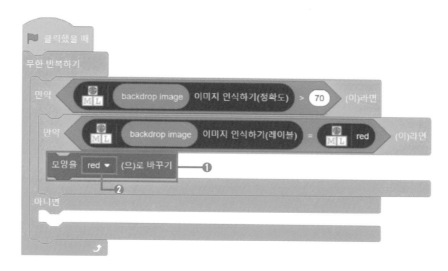

10 같은 방법으로, 배경을 노란색으로 인식했을 경우에는 옷을 노란색으로 바꾸도록 합시다. 블록에서 마우스 오른쪽 버튼을 눌러 **복사하기**를 클릭합니다. 앞에서 만든 블록들을 복사합니다.

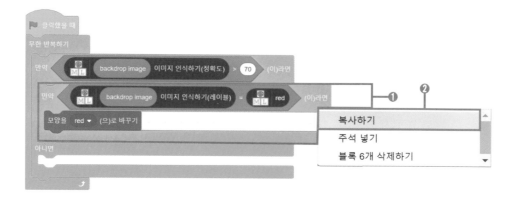

11 복사한 블록을 바로 아래에 붙여 넣습니다.

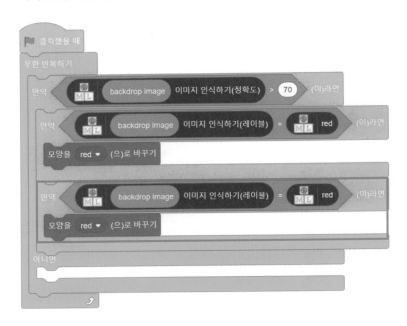

12 색깔을 비교할 레이블을 yellow 블록으로 바꾸고 모양 바꾸기 블록 안의 red를 **yellow**로 바꿉니다.

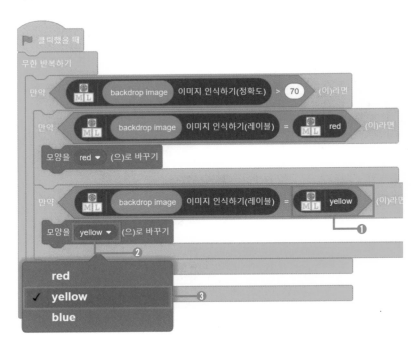

13 같은 방법으로, 배경을 파란색으로 인식했을 때는 옷을 파란색으로 바꾸도록 블록을 아래 그림과 같이 추가합니다.

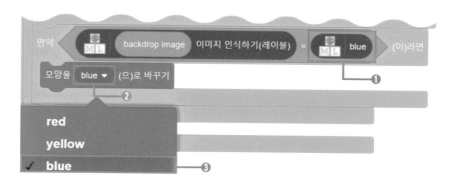

14 정확도가 70% 이하일 때는 "무슨 색인지 모르겠어요"라고 말하도록 아래 그림과 같이 블록을 추가합니다.

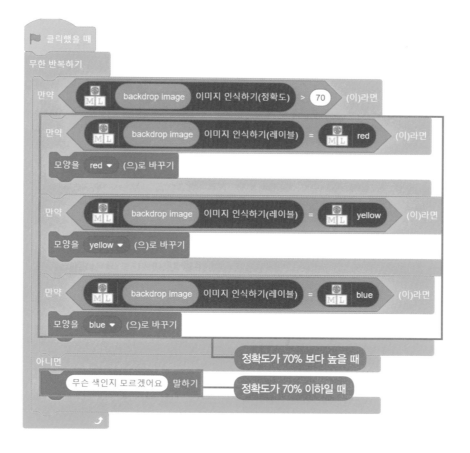

7 인공지능 프로그래밍하기

1 [배경] 탭으로 가서 왼쪽 하단의 **배경 고르기**를 선택합니다.

2 Farm(농장)을 선택합니다.

3 초록색 깃발을 눌러 프로그램을 실행합니다. 배경으로 지정한 농장 배경 색에 맞춰 옷 색깔이 노란색으로 변하는 것을 볼 수 있습니다.

 만약 옷의 색깔이 주변에 맞게 변하지 않는다면 인공지능이 제대로 학습을 하지 못했기 때문입니다. 이를 해결하려면 인공지능이 학습할 수 있는 다양한 데이터를 더 추가해야 합니다.

4 **파일 〉 컴퓨터에 저장하기** 메뉴를 클릭합니다. 폴더를 지정하고 파일명을 **마법의 옷**으로 저장합니다.

도전해 보세요!

지금은 빨간색, 노란색, 파란색 세 가지 색만 구별할 수 있습니다. 추가로 초록색과 보라색을 구별할 수 있는 인공지능 모델을 만들어 보세요.

Step 1 [마법의 옷 프로젝트의 훈련] 탭으로 이동하여 **green** 레이블과 **purple** 레이블을 추가합니다.

Step 2 각 레이블에 데이터를 추가한 후 모델을 다시 훈련시킵니다.

Step 3 **파일 〉 컴퓨터에서 가져오기**를 클릭하여 앞에서 만든 '마법의 옷' 파일을 엽니다.

Step 4 Dani 스프라이트에 초록색과 보라색 모양을 추가하고 블록을 수정하여 초록색과 보라색을 구별할 수 있도록 프로그램을 바꿉니다.

위치 탐정 프로그램 만들기

ARTIFICIAL INTELLIGENCE FOR EVERYONE

이번에는 숫자 형식의 데이터를 이용하여 고양이의 위치를 알 수 있는 인공지능 프로그램을 만들어 보겠습니다.

▲ 숫자를 인식하여 사물의 위치를 판단하는 위치 탐정 프로젝트

위치 탐정 알아보기

다음 그림에서 고양이가 개, 사과, 오리, 바나나, 말 중에 어느 것과 위치가 가장 가까운가요? 고양이는 개와 가장 가까우므로 "Dog"라고 말을 합니다. 이처럼 고양이가 위치 값을 학습하여, 자신과 가장 가까운 동물의 이름을 알려주는 프로그램을 인공지능을 사용하여 만들어 봅시다.

◀ 고양이와 가장 가까운 사물의 이름을 말함

위치 탐정 프로그램은 숫자 데이터를 바탕으로 학습한 인공지능 모델을 사용합니다. 위치 탐정 프로그램을 만들기 위해서는 평면좌표를 알아야 합니다. 평면좌표란 평면을 가로축(x)과 세로축(y)으로 나눈 후 각각의 값으로 특정한 위치를 알려주는 것입니다.

예를 들어 고양이가 (100, 100)의 위치에 있을 때 이곳은 '공' 주변이라고 알려준 후 학습을 시킵니다. 위치 학습을 완료한 인공지능은 고양이가 다시 공 근처로 갔을 때 그곳은 공 주변이라고 예측할 수 있습니다.

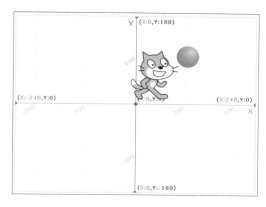

◀ '아~ 여기는 공 근처구나!'라고 인식하는 고양이

그럼 지금부터 고양이의 위치를 말해주는 인공지능 모델을 만들겠습니다. 먼저 인공지능이 어떤 좌표에 있을 때 특정한 위치를 예측할지에 대해 인공지능 모델을 학습시켜야 합니다.

2 인공지능 모델 만들기

1 새 프로젝트를 추가하고 프로젝트 이름을 **finder**로 입력한 후 인식 방법에서 **숫자**를 선택합니다. 하지만 아직 **만들기** 버튼을 클릭할 수 없습니다. 어떤 숫자를 입력할지를 알려주어야 하거든요. **ADD A VALUE**(값 추가) 버튼을 클릭합니다.

2 첫 번째 값은 가로축을 의미하는 **x**를 입력합니다. **ADD ANOTHER VALUE**(다른 값 추가) 버튼을 눌러 두 번째 값은 세로축을 의미하는 **y**를 입력하고 유형은 **숫자**를 선택합니다. **만들기** 버튼을 클릭합니다.

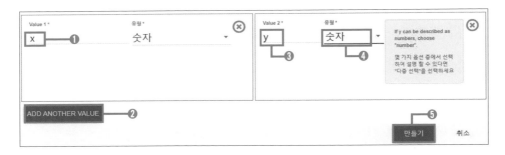

3 프로젝트 리스트에 **finder**가 있는지 확인하고 클릭합니다.

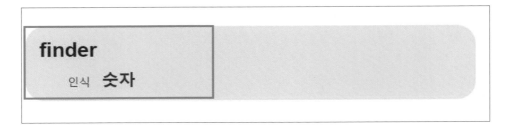

4 이제 머신러닝 모델을 만들 준비가 끝났습니다. **훈련** 버튼을 클릭하여 모델의 레이블을 만들어 봅시다.

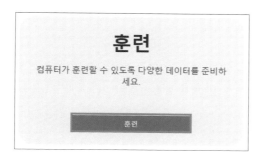

3 인공지능 훈련시키기

1 새로운 레이블 추가를 클릭하여 위치 값을 담을 5개의 레이블을 만듭니다. 레이블의 이름을 각각 Bananas, Apple, Dog, Duck, Horse로 정합니다.

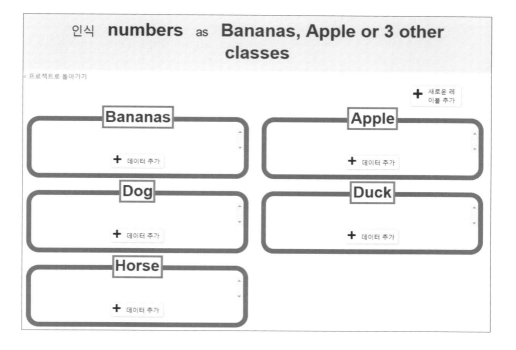

4 스크래치에서 위치 탐정 프로그램 만들기

이전에는 레이블을 만든 후 바로 데이터를 입력하였지만 이번에는 스크래치 프로그램에서 직접 데이터를 입력하는 방법을 사용하겠습니다.

1 **프로젝트로 돌아가기** 버튼을 클릭한 후 **만들기 〉 스크래치 3**을 차례로 클릭하면 아직 모델을 만들지 않았기 때문에 '훈련된 모델이 없습니다'라는 화면이 나옵니다. **straight into Scratch**(스크래치로 이동) 버튼을 눌러 스크래치를 실행합니다.

2 다음과 같이 실행 화면의 모서리 4군데와 가운데에 각각 스프라이트를 추가합니다. 사용한 스프라이트의 이름은 각각 Bananas, Apple, Dog1, Duck, Horse입니다.

3 고양이가 마우스를 따라다니도록 만들어 봅시다. **고양이** 스프라이트를 선택한 후 [동작] 팔레트의 마우스 포인터로 이동하기 블록을 연결합니다.

 5 훈련 데이터 추가하기

1 이제 고양이가 각각의 사물에 있을 때의 위치 데이터를 저장하겠습니다. [이벤트] 팔레트의 키를 눌렀을 때 블록을 스크립트 영역에 놓습니다.

2 각각의 위치 데이터를 추가해 봅시다. 위치 데이터를 추가하는 버튼을 키보드의 숫자 키
인 1, 2, 3, 4, 5로 정하겠습니다. 먼저 바나나(Bananas) 위치를 지정하기 위해 '스
페이스' 자리를 1을 눌렀을 때로 수정합니다.

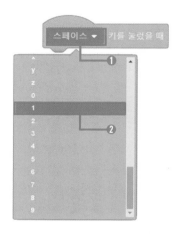

TIP

버튼을 1, 2, 3, 4, 5와 같이 숫자 키로 사용하는 데에는 특별한 이유는 없습니다. 숫자 키가 아닌 a, b, c, d처럼 알파
벳 키를 버튼으로 정해서 사용하도록 프로그래밍해도 됩니다.

3 훈련 데이터 추가 블록을 연결합니다.

4 [동작] 팔레트의 x좌표 와 y좌표 블록을 각각 인공지능 블록의 x 좌푯값과 y 좌푯값 자리에 넣어줍니다. 레이블은 **Bananas**여야 합니다. 이렇게 연결한 후 바나나 스프라이트 위치에서 1을 누르면 좌푯값이 훈련 데이터로 입력됩니다.

5 2를 눌렀을 때는 Apple(사과) 레이블에 데이터가 입력되도록 블록을 연결합니다. **4**에서 만든 블록을 복사해서 사용합니다.

6 키를 눌렀을 때 블록의 숫자를 **2**로 수정하고 인공지능 블록의 레이블을 **Apple**로 바꿉니다.

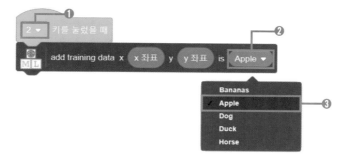

7 같은 방법으로 ③을 눌렀을 때에는 **Dog**(강아지) 레이블에, ④를 눌렀을 때에는 **Duck**(오리) 레이블에, ⑤를 눌렀을 때에는 **Horse**(말) 레이블에 데이터가 입력되도록 합니다.

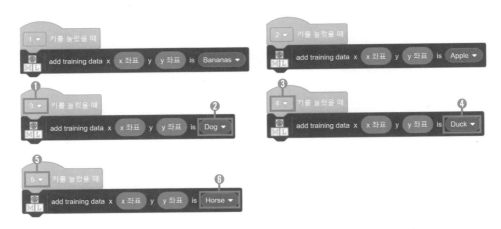

8 프로젝트를 실행하고 마우스를 움직여 고양이가 각각 해당 스프라이트 근처에 있을 때 해당하는 숫자 키를 눌러 위치 데이터를 입력합니다. 이때 ①은 바나나, ②는 사과, ③은 강아지, ④는 오리, ⑤는 말로 정확하게 데이터를 입력하여야 합니다.

> **TIP** 고양이가 바나나 근처에 있을 때 키보드의 ①을 누르면, Bananas(바나나) 레이블에 대한 위치 데이터가 저장됩니다. 마찬가지로 말 위치에 있을 때 ⑤를 누르면 Horse(말) 레이블에 대한 위치 데이터가 저장됩니다. 이렇게 해서 위치 데이터를 수집하는 것입니다.

9 데이터를 충분히 입력한 후 머신러닝 for 키즈의 **훈련** 탭으로 이동합니다. 각 레이블마다 좌표 데이터가 입력된 것을 확인할 수 있습니다.

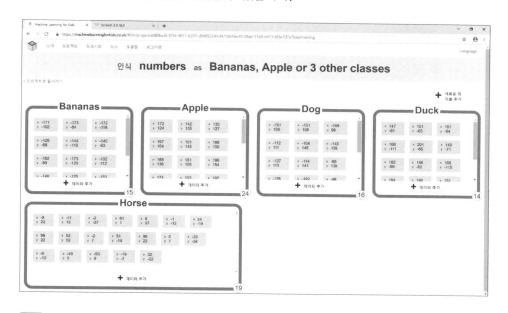

 좌표 데이터는 최소 15개 이상 입력하는 것이 좋습니다.

6 인공지능 학습하고 평가하기

인공지능 모델을 만들기 위한 데이터를 모았으니 지금부터 스크래치에서 인공지능 모델을 만들어 보겠습니다.

1 스크래치 탭으로 이동합니다.

2 ``키를 눌렀을 때`` 블록을 가져오고 **m**으로 바꿉니다. 그리고 ``새로운 머신러닝 모델 훈련하기`` 블록을 연결합니다.

3 이제 키보드의 ⓜ을 누르면 새로운 머신러닝 모델을 만들 수 있습니다. 숫자 데이터는 텍스트나 이미지 데이터와는 달리 빠른 시간에 모델이 완성됩니다.

> **TIP** 스크래치가 아닌 머신러닝 for 키즈 탭에서도 인공지능 모델을 만들 수 있습니다. 이전에 만든 방법을 떠올리며 만들어 보세요.

7   인공지능 프로그래밍하기

이 프로그램의 알고리즘은 다음과 같습니다.

❶ 키보드에서 ⟨Space⟩를 눌렀을 때

❷ 해당 좌표를 인식하여 그 때의 사물을 판단합니다.

❸ 사물이 무엇인지 말해줍니다.

1 **고양이** 스프라이트를 선택한 후 ``스페이스 키를 눌렀을 때`` 블록과 ``말하기`` 블록을 연결합니다.

> **TIP** 고양이 스프라이트에 여러 개의 블록 조각을 만든다고 생각하면 됩니다.

2  블록을 연결합니다.

3 블록의 x와 y에 각각 [형태] 팔레트의 x좌표, y좌표 블록을 넣습니다.

4 다음은 전체 스크립트입니다.

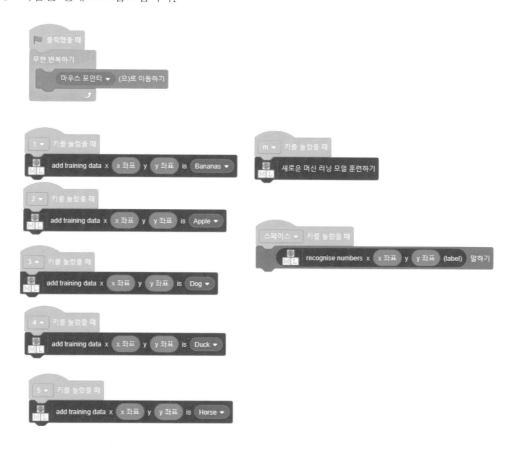

8 실행하고 저장하기

1 초록색 깃발을 눌러 프로그램을 실행합니다. 마우스를 움직여서 특정 위치로 이동한 후 Space 를 눌러 위치 탐정이 사물의 위치를 정확하게 맞히는지 확인해 보세요.

2 **파일 〉 컴퓨터에 저장하기** 메뉴를 클릭합니다. 폴더를 지정하고 파일명을 **위치탐정**으로 저장합니다.

🎯 도전해 보세요!

여러분이 만든 인공지능 위치 탐정은 정확한 판단을 내리나요? 만약 그렇지 않다면 더 많은 데이터를 모아야 합니다. 인공지능 모델을 만든 후 새롭게 머신러닝 모델을 훈련시켜 봅시다.

Step 1 마우스 포인터를 각 사물 위치에 올려놓은 후 해당 숫자 키를 눌러 좌표 데이터를 여러 개 입력합니다.

Step 2 키보드에서 M 을 눌러서 새로운 머신러닝 모델을 훈련시킵니다.

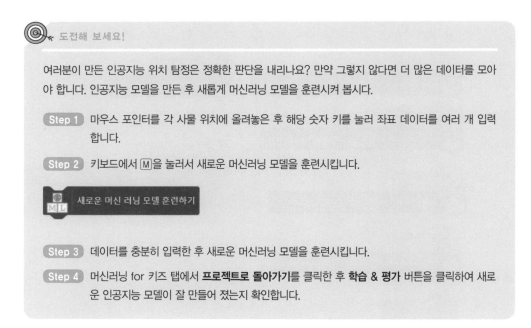

Step 3 데이터를 충분히 입력한 후 새로운 머신러닝 모델을 훈련시킵니다.

Step 4 머신러닝 for 키즈 탭에서 **프로젝트로 돌아가기**를 클릭한 후 **학습 & 평가** 버튼을 클릭하여 새로운 인공지능 모델이 잘 만들어 졌는지 확인합니다.

마이크로비트로
인공지능 만들기

셋째 마당에서는 스크래치 3.0의 확장 기능 중 하나인 마이
크로비트를 연결하여 인공지능 프로그램을 만들어 보겠습니
다. 셋째 마당을 실습하려면 마이크로비트와 충전 배터리 그
리고 블루투스 연결을 할 수 있는 컴퓨터가 필요합니다.

UNIT 14 마이크로비트를 소개합니다

ARTIFICIAL INTELLIGENCE FOR EVERYONE

1 마이크로비트는 무엇인가요?

마이크로비트는 영국 BBC[*]에서 코딩 교육을 위해 만든 작은 컴퓨터입니다. 영국의 모든 어린이가 마이크로비트를 통해 코딩을 즐겁고 재미있게 체험할 수 있도록 만든 것입니다.

마이크로비트는 영국뿐만 아니라 전 세계적으로 많이 사용되고 있습니다. 크기는 작지만 그 안에 다양한 센서가 있어서 창의적인 아이디어를 잘 표현할 수 있습니다.

마이크로비트는 블록형 프로그래밍 언어뿐만 아니라 파이썬과 같은 텍스트형 프로그래밍 언어도 지원하기 때문에, 어린 아이부터 성인에 이르기까지 많은 사람들이 사용할 수 있는 피지컬 컴퓨팅 도구입니다.

우리가 어떠한 기기를 컴퓨터라고 부를 수 있으려면 어떠한 입력 값을 처리하고 출력하는 과정을 수행할 수 있어야 합니다. 어두워지면 불이 켜지는 프로그램을 작동시키는 컴퓨터를 예로 들어봅시다.

◀ 입력 값을 처리하고 출력하는 과정을 수행하는 컴퓨터

---

* BBC는 우리나라의 EBS처럼 영국의 공영 교육 방송사입니다.

이와 같이 주변의 환경을 감지(입력)하여, 어두워지면 불을 켜는 명령(처리)을 하고, 그 명령에 따라 불을 켭니다(출력).

이렇게 명령을 처리하려면 컴퓨터가 필요합니다. 마이크로비트 또한 컴퓨터입니다. 다만 여러분의 손바닥보다 작은 크기(가로 5cm, 세로 4cm)의 컴퓨터죠. 마이크로비트는 컴퓨터이므로 다양한 입력 값을 받아들여 처리하고 출력할 수 있습니다.

◀ 손바닥보다 작은 초소형 컴퓨터, 마이크로비트

 잠깐만요

컴퓨터에 블루투스 기능이 있는지 확인하세요!

블루투스는 무선 마우스나 무선 키보드 등을 컴퓨터와 연결할 때 사용하는 전자 기기간 통신 기술입니다. 여러분이 지금 사용하고 있는 컴퓨터 화면 위나 아래쪽에 다음과 같은 표시가 있으면, 블루투스를 사용할 수 있다는 의미입니다. 요즘 나오는 노트북은 대부분 블루투스 기능이 있습니다.

❶ 작업표시줄의 '윈도' 아이콘을 클릭하고 '설정' 아이콘을 클릭합니다.

❷ 'Windows 설정' 창이 열리면 **장치**를 클릭합니다.

❸ 'Bluetooth 및 기타 디바이스' 메뉴에서 'Bluetooth'의 **켬** 옵션을 활성화합니다.

데스크톱 컴퓨터인 경우 블루투스 연결이 안 될 수도 있습니다. 블루투스가 없는 컴퓨터에서 블루투스에 연결을 할 수 있는 방법은 바로 'USB 동글'을 사용하는 것입니다. 블루투스 연결을 가능하게 하는 동글을 구매하여 컴퓨터 USB에 연결하면 블루투스 기능을 사용할 수 있습니다. 인터넷에서 'USB 동글'이라고 검색하면 구매할 수 있는 링크가 많이 나옵니다.

2 마이크로비트 기능 소개

마이크로비트는 피지컬 컴퓨팅에 많이 사용되는 아두이노 우노보드보다 더 뛰어난 성능을 가지고 있습니다. 그리고 단적으로 비교하기는 어렵지만, 마이크로비트는 아폴로 11호의 착륙선 컴퓨터보다 성능이 훨씬 뛰어납니다.

마이크로비트의 대표적인 기능은 다음과 같습니다.

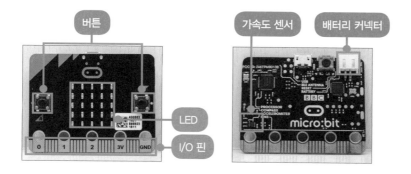

- **버튼**: A와 B로 표시된 두 개의 버튼이 있습니다. 이 버튼을 사용하여 버튼을 눌렀을 때 특정 동작을 실행하도록 프로그래밍할 수 있습니다.

- **가속도 센서**: 센서는 주변의 다양한 환경을 감지할 수 있는 장치를 의미합니다. 가속도 센서는 마이크로비트가 어떠한 방향으로 회전을 하는지 알려줍니다. '16장 인공지능 수평계 만들기'에서는 가속도 센서를 사용합니다.

- **온도 센서**: 주변의 따뜻하고 추운 정도를 감지하여 숫자 값으로 알려줍니다.

- **광 센서**: 주변의 밝고 어두움을 감지하여 숫자 값으로 알려줍니다.

- **LED**: 마이크로비트의 출력 장치입니다. 가로, 세로 각 5개씩 총 25개의 LED가 있습니다.

- **I/O 핀**: 입력과 출력 모두 가능한 아래쪽의 금색 패드와 구멍으로 구성된 I/O(Input/Output) 핀이 있습니다. 악어 클립이나 케이블을 이용하여 마이크로비트에 포함되어 있지 않은 다양한 센서와 모터 같은 액추에이터와 연결할 수 있습니다.

이 외에도 통신을 할 수 있는 라디오와 블루투스 기능을 포함하고 있습니다.

UNIT 15

스크래치에서 마이크로비트 연결하기

ARTIFICIAL INTELLIGENCE FOR EVERYONE

스크래치 3.0에서는 마이크로비트를 제어할 수 있는 확장 블록을 지원합니다. 이 장에서는 스크래치와 마이크로비트를 연결하겠습니다.

> **TIP** 스크래치 3.0 이전의 버전은 마이크로비트와 연결을 지원하지 않기 때문에, 스크래치에서 마이크로비트를 사용하려면 꼭 스크래치 3.0 버전을 사용해야 합니다.

스크래치 링크 설치하기

스크래치와 마이크로비트를 연결하려면 '스크래치 링크'라는 프로그램을 설치해야 합니다. 스크래치 링크는 스크래치와 다양한 피지컬 컴퓨팅 기기를 연결할 때 사용하는 프로그램입니다.

1 스크래치 링크에 접속합니다. 접속을 하면 자동적으로 여러분의 운영체제에 적합한 프로그램이 선택됩니다. 이를 클릭합니다.

URL https://scratch.mit.edu/microbit

> **TIP** 프로그램은 운영체제에 따라 윈도용과 맥용으로 구분되어 있습니다. 책에서는 상대적으로 더 많은 사람이 사용하는 운영체제인 윈도를 기준으로 설명하겠습니다. 설치하는 프로그램만 다를 뿐 연결 과정은 동일합니다. 단, 안드로이드나 iOS를 사용하는 태블릿 PC 또는 스마트폰에서는 스크래치 3.0에서 마이크로비트를 사용할 수 없습니다.

2 Scratch Link(스크래치 링크) 설치하기에서 **바로 다운로드**를 클릭하여 windows.zip 파일을 내려받고 그 파일을 클릭합니다.

3 파일의 압축을 풀고 ScratchLinkSetup.msi 파일을 더블 클릭하여 실행합니다.

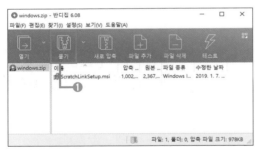

4 Scratch Link Setup 마법사가 뜨면 **Next** 버튼을 클릭하여 설치를 진행합니다. 설치가 완료되면 **Launch Scratch Link** 옵션에 체크하고 **Finish** 버튼을 클릭합니다.

 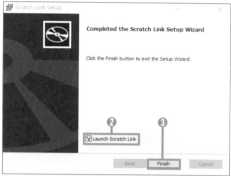

5 여러분의 컴퓨터 바탕화면 오른쪽 하단에 있는 도구 모음에 스크래치 링크 아이콘(🔗)이 있는지 확인합니다.

6 스크래치에서 마이크로비트를 실행하려면 별도의 프로그램을 마이크로비트에 넣어야 합니다. 이를 위해 마이크로비트와 여러분의 컴퓨터를 USB 포트로 연결합니다.

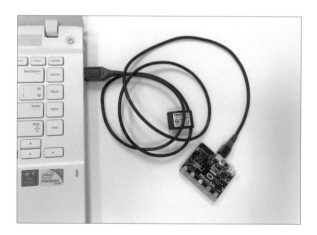

7 **내 PC**에서 마이크로비트가 연결된 모습을 볼 수 있습니다.

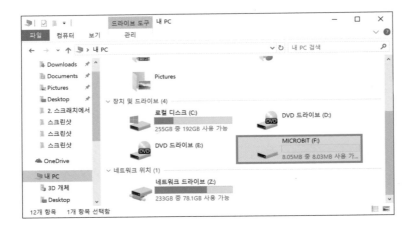

8 **1**에서 접속한 https://scratch.mit.edu/microbit 페이지에서 스크래치에서 실행할 수 있는 프로그램인 **스크래치 microbit HEX 파일**을 클릭하여 다운로드합니다.

9 파일의 압축을 해제하고 scratch-microbit-1.1.0.hex 파일을 드래그하여 마이크로비트 경로로 이동합니다.

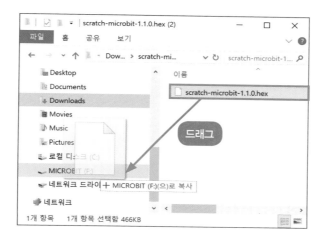

 TIP hex 파일을 마이크로비트 경로에 넣고, 해당 경로로 가 보면 여러분이 복사한 파일이 보이지 않을 것입니다. 그 이유는 hex 파일이 복사되면서 실행 파일로 변경되었기 때문입니다. hex 파일이 아닌 다른 형식의 파일을 복사해서 넣을 경우에는 그 파일이 마이크로비트에 저장됩니다.

TIP 정상적으로 복사가 되면 여러분의 마이크로비트의 LED에 5개의 문자(예: pigor)가 나옵니다.

잠깐만요

마이크로비트에 전원을 공급하세요!

마이크로비트를 실행하려면 전원을 공급해야 합니다. 전원을 공급하는 방법은 2가지 입니다. 첫 번째는 USB를 사용하는 방법이고, 두 번째는 배터리 팩을 사용하는 방법입니다. USB를 사용하는 방법은 마이크로비트를 무선으로 사용할 수 없다는 단점이 있으므로, 무선으로 사용하고 싶다면 배터리 팩을 이용하는 방법을 추천합니다.

2 스크래치 3.0에서 마이크로비트 연결하기

1 스크래치 링크를 실행합니다. 바탕화면 하단의 도구모음에 **스크래치 링크** 아이콘(🔘)이 있으면 정상적으로 실행되고 있다는 의미입니다.

2 스크래치 사이트에서 만들기를 클릭하고 화면의 팔레트 아래쪽에서 확장 기능(🔲)을 클릭합니다.

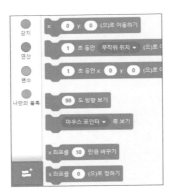

3 스크롤을 내려 **마이크로비트(micro:bit)**를 찾아서 클릭합니다.

4 마이크로비트 찾기에 성공하면 **연결하기** 버튼을 클릭하고 연결 확인 메시지가 뜨면 **편집기로 가기** 버튼을 클릭합니다.

TIP 혹시 여러 대의 마이크로비트를 연결하고 있나요? 어떤 마이크로비트가 내 마이크로비트인지 아는 방법은 마이크로비트 화면에 나오는 5자리 문자(예. 위에서는 pigov)를 확인하는 것입니다. 그 문자가 바로 내 마이크로비트 ID입니다.

5 마이크로비트가 연결되면 마이크로비트 블록 옆에 연결 버튼이 초록색으로 바뀐 것을 확인할 수 있습니다.

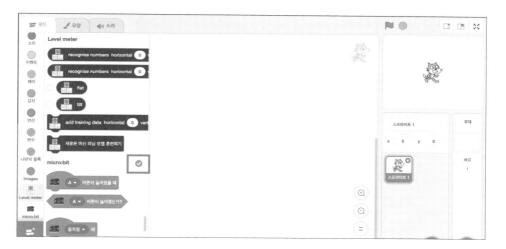

혹시 연결이 안 되나요?

'마이크로비트를 찾을 수 없다'라고 뜨거나 오랜 시간이 지나도 연결이 되지 않는다면 다음 사항을 확인하세요.

- 스크래치 링크를 실행하였나요?
- 컴퓨터에 블루투스 환경이 갖추어졌나요?
- 마이크로비트에 scratch-microbit.hex 파일을 복사하였나요?

3 마이크로비트 블록 사용하기

본격적으로 실습에 들어가기 앞서 간단히 마이크로비트 블록들을 살펴보겠습니다.

글자 Hello 보여주기 블록을 스크립트 영역으로 가져온 후, 해당 블록을 클릭하면 블록에 노란색이 표시되면서 마이크로비트의 LED에 Hello가 나옵니다.

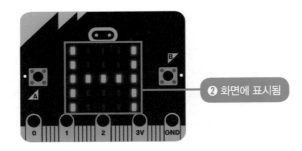

스크래치에서 사용 가능한 마이크로비트의 입력은 **A, B** 버튼과 기울기 센서 값입니다. 각각
어떤 값이 있는지 확인해보세요.

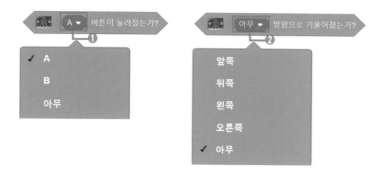

출력 값은 LED입니다. 이를 사용하여 다양한 프로그램을 만들어 볼 수 있습니다. 각 블록을
클릭해 확인하세요.

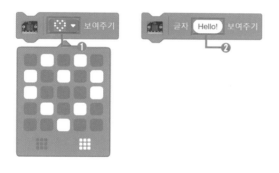

> **TIP**
> 마이크로비트의 다양한 센서 값을 사용할 수 있는 블록들은 계속하여 개발 중이므로 책이 출판된 시점과 블록의 종류와 개수가 다를 수
> 있습니다.

UNIT 16

인공지능 수평계 만들기

지금부터 마이크로비트를 사용하여 수평계를 만들어 보겠습니다. 수평계는 건물을 짓거나, 물건을 놓을 때 바닥이 수평한지 그렇지 않은지 혹은 기울기를 조사하기 위해 사용하는 도구입니다. 이번 장에서는 인공지능을 사용한 나만의 수평계를 직접 만들어 보겠습니다.

▲ 마이크로비트가 수평일 때(왼쪽)와 수평이 아닐 때(오른쪽) LED로 표시

 1 인공지능 수평계 알아보기

요즘 스마트폰에는 대부분 수평계 프로그램이 있습니다. 바로 스마트폰에는 가속도 센서가 있기 때문입니다. 가속도 센서는 어떠한 기기가 기울어져 있는지, 그렇지 않은지를 알려줍니다.

일반적인 수평계 프로그램은 기울어져 있는 값이 0에 가까울수록 덜 기울어져 있다, 즉 수평에 가깝다고 판단합니다.

▲ 건물의 기울기를 측정하는 수평계

우리가 만들 인공지능 수평계는 다른 방법을 사용합니다. 바로 데이터를 사용하여 기울기를 판단하게끔 하는 것입니다. 수평일 때와 수평이 아닐 때의 가속도 값을 사용하여 인공지능이 스스로 기울기를 판단하도록 해 보겠습니다.

▲ 데이터를 사용해서 스스로 기울기를 판단하는 인공지능 수평계

2 인공지능 수평계 프로젝트 만들기

인공지능 수평계가 판단할 내용은 두 가지입니다. 바로 '수평이다'와 '수평이 아니다'입니다. 이를 위해서 인공지능이 주변을 어떻게 '수평이다'와 '수평이 아니다'로 판단할지에 대해 인공지능 모델을 학습시켜야 합니다.

1 https://machinelearningforkids.co.uk/로 이동한 후 **시작해봅시다** 버튼을 클릭합니다.

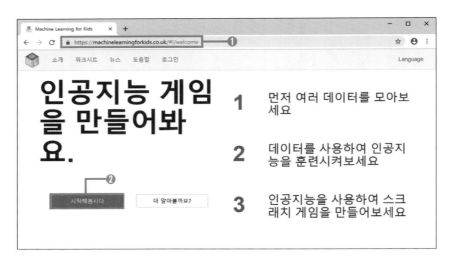

2 **로그인** 버튼을 클릭하고 여러분의 계정으로 로그인합니다.

> **TIP** 이 프로젝트는 로그인을 하지 않고 '지금 실행해보기'로 진행해도 괜찮습니다.

3 **프로젝트 추가** 버튼을 클릭합니다.

4 프로젝트 이름에 **Level meter**(수평계)라고 적고, 인식 방법에 **숫자**를 선택한 후 **ADD VALUE**(값 추가) 버튼을 클릭합니다.

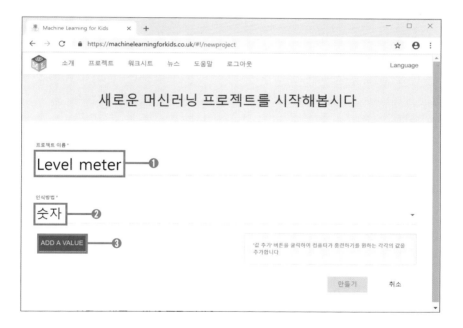

5 첫 번째 값은 마이크로비트의 좌우 기울기를 판단하기 위한 값입니다. 이름은 '가로축'을
   의미하는 **horizontal**, 유형은 **숫자**로 선택합니다. 그 다음 **ADD ANOTHER VALUE**(다
   른 값 추가) 버튼을 클릭합니다.

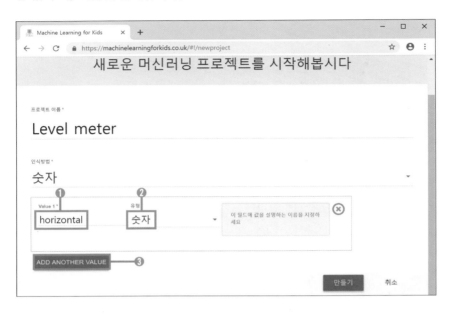

6 두 번째 값은 마이크로비트의 앞뒤 기울기를 판단하기 위한 값입니다. 이름은 '세로축'을
   의미하는 **vertical**로, 유형은 **숫자**로 선택합니다. 그리고 **만들기** 버튼을 클릭합니다.

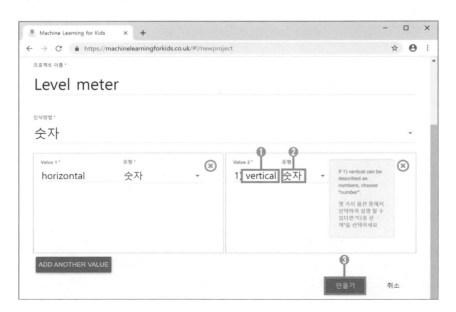

7 프로젝트 리스트에 **Level meter**가 있는지 확인하고 이를 클릭합니다.

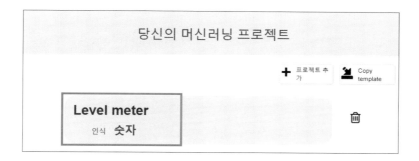

 3 인공지능 훈련시키기

1 **훈련** 버튼을 클릭합니다.

2 **새로운 레이블 추가** 버튼을 클릭합니다.

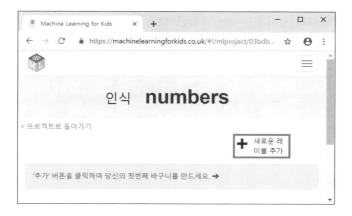

3 '수평이다'로 인식할 값을 담는 **flat** 레이블을 만들고, '수평이 아니다'로 인식할 값을 담는 **tilt** 레이블을 각각 만듭니다.

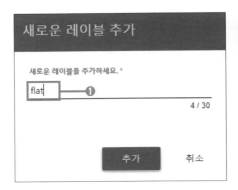 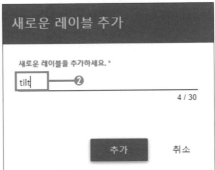

> TIP
> 영어 단어 flat은 '수평의, 평평한'이라는 의미이고 tilt는 '기울다, 기울어진'을 의미합니다.

4 추가한 레이블에 데이터를 입력할 차례이지만 지금 데이터를 입력하지 않고, 마이크로비트를 사용하여 데이터를 입력하도록 하겠습니다. **프로젝트로 돌아가기**를 클릭합니다.

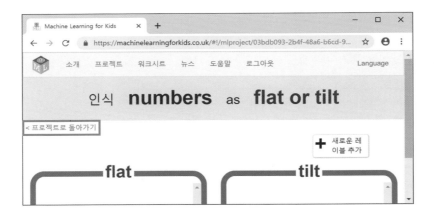

> TIP
> 이번에는 스크래치에서 직접 데이터를 입력하겠습니다. 또한 훈련 과정도 머신러닝 for 키즈 사이트가 아닌 스크래치에서 실행하겠습니다.

데이터 입력하기

인공지능 수평계의 학습에 필요한 데이터를 마이크로비트를 통해 입력해 봅시다.

1 **만들기 〉 스크래치 3** 버튼을 차례로 클릭합니다.

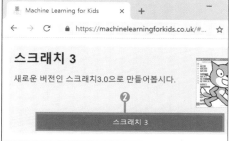

2 아직 인공지능 모델 훈련이 이루어지지 않았기 때문에 "훈련된 모델이 없습니다"라는 메시지가 나옵니다. **straight into Scratch**(스크래치로 바로 가기) 버튼을 클릭합니다.

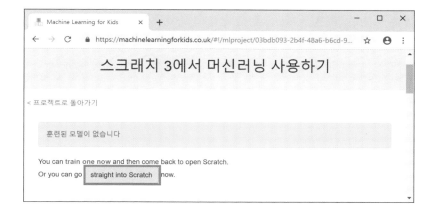

3 스크래치 화면의 왼쪽 하단의 **확장 기능** 아이콘(🎵)을 클릭하고 **micro:bit**(마이크로비트)를 선택합니다.

> **TIP**
> Unit 15에서 마이크로비트와 스크래치를 연결한 상태라면, 그 페이지를 닫거나 마이크로비트 연결을 해제하세요. 중복해서 연결
> 되지 않기 때문입니다.

4 여러분의 마이크로비트를 찾으면 **연결하기** 버튼과 **편집기로 가기** 버튼을 차례로 클릭하여 연결합니다.

5 [Level meter] 팔레트와 [micro:bit] 팔레트가 각각 생겼는지 확인합니다.

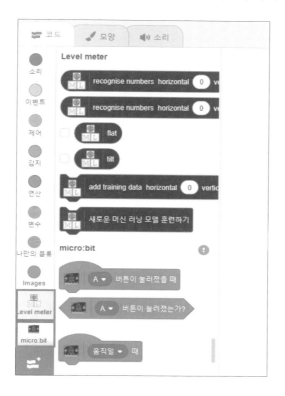

수평이 아닐 때의 데이터 입력하기

마이크로비트가 수평이 아닐 때의 가로(좌우 기울기)와 세로(앞뒤 기울기) 값을 마이크로비트의 버튼을 눌러 각각 학습 데이터로 추가해 봅시다.

1 [micro:bit] 팔레트에서 A 버튼이 눌러졌을 때 블록을 가져옵니다.

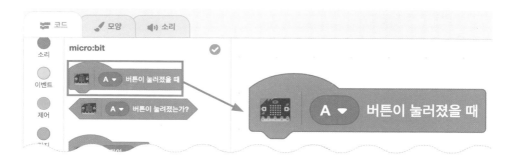

2 [Level meter] 팔레트에서 `훈련 데이터를 레이블에 추가` 블록을 `A 버튼이 눌러졌을 때` 블록 아래에 연결합니다.

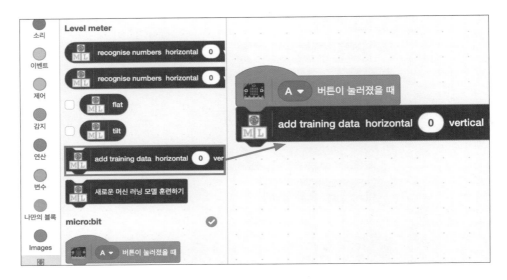

3 인공지능 훈련 데이터 중 가로축(horizontal)에 해당하는 자리에 '0' 대신 `왼쪽 방향으로 기울어진 각도` 블록을 연결합니다.

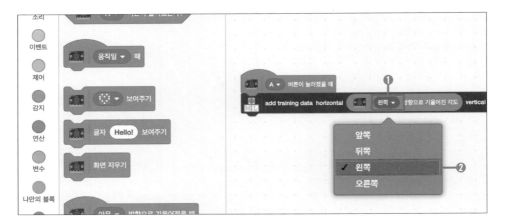

4 인공지능 훈련 데이터 중 세로축(vertical)에 해당하는 자리에 '0' 대신 앞쪽 방향으로 기울어진 각도 블록을 연결합니다.

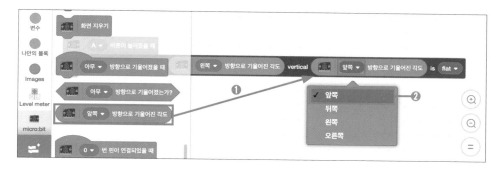

5 다음과 같이 수평이 아닐 때에 해당하는 레이블인 **tilt**로 바꿉니다.

質問 있어요 **'왼쪽'과 '앞쪽' 방향으로 기울어진 각도 블록만 넣는 이유는 무엇인가요?**

왼쪽 방향으로 기울어진 각도 블록은 마이크로비트가 왼쪽으로 어느 정도 기울어져 있는지를 알려줍니다. 예를 들어 왼쪽으로 15도 기울어지면 (+)15의 값을 알려줍니다. 오른쪽으로 기울어지면 어떻게 될까요? (+)15의 반대인 −15의 값을 알려줍니다. 그렇기 때문에 '오른쪽' 방향으로 기울어진 각도를 사용하지 않아도 충분히 가로축에 대한 방향과 값을 나타낼 수 있습니다.

마찬가지로 앞쪽 방향으로 기울어진 각도 블록만 사용해도 앞과 뒤에 대한 데이터를 모두 입력받을 수 있습니다.

6 기울어진 상태임을 마이크로비트의 LED로 나타내기 위해 LED 보여주기 블록을 연결하고 LED의 모양을 다음과 같이 사각형으로 바꿉니다.

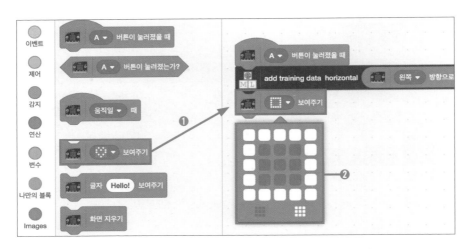

> **TIP** LED의 불빛에 해당하는 각 픽셀을 클릭하여 켜거나 끌 수 있습니다. 흰색일 때가 켜진 상태입니다.

수평일 때의 데이터 입력하기

이번에는 수평일 때의 가로와 세로의 값을 마이크로비트의 **B** 버튼을 눌러 학습 데이터로 추가하겠습니다.

1 앞에서 만든 스크립트를 복사하여 아래에 붙여 넣습니다.

2 붙여 넣은 스크립트에서 버튼이 눌러졌을 때 블록의 **A**를 **B**로 바꿉니다.

3 레이블을 수평일 경우인 **flat**으로 바꿉니다.

4 수평 상태를 알려주기 위해 마이크로비트의 LED를 다음과 같이 켜줍니다.

데이터 입력하기

이제 인공지능 수평계를 학습시킬 기울기 데이터를 입력해 보겠습니다.

1 초록색 깃발 아이콘을 눌러 프로그램을 실행합니다.

2 마이크로비트를 상하좌우 여러 방향으로 기울이면서 **A** 버튼을 클릭합니다. 특정 방향으로 기울일 때마다 한 번씩 마이크로비트의 **A** 버튼을 클릭하세요. 클릭할 때마다 화면의 스크립트가 노란색으로 강조됩니다.

> **TIP**
> 마이크로비트를 상하, 좌우로 기울일 때마다 A 버튼을 클릭하세요. A 버튼을 클릭할 때마다 수평 기울기와 수직 기울기 값 데이터를 입력하는 것입니다. 이때 값이 많으면 많을수록 더 정확한 인공지능 모델이 만들어지기 때문에 여러 번 클릭을 합니다. 적어도 각각 30번 정도 클릭하여 데이터를 입력할 것을 추천합니다.

3 마찬가지로 마이크로비트를 기울이지 않고, 즉 수평인 상태에서 **B** 버튼을 클릭하여 데이터를 입력합니다.

> **TIP**
> 인공지능 수평계가 '수평'이라고 인식하는 정도를 여러분이 결정할 수 있다는 특징이 있습니다. 어느 정도를 평평한지를 수평으로 볼지 여러분이 정하고, 그 상태의 데이터를 B 버튼을 눌러 입력하세요. 이 과정을 여러 번 반복해야 정확한 판단이 가능합니다.

4 값이 잘 저장되었는지 확인하기 위해 머신러닝 for 키즈의 훈련 탭으로 이동합니다. 각 레이블에 여러분이 입력한 값이 추가된 것을 확인할 수 있습니다.

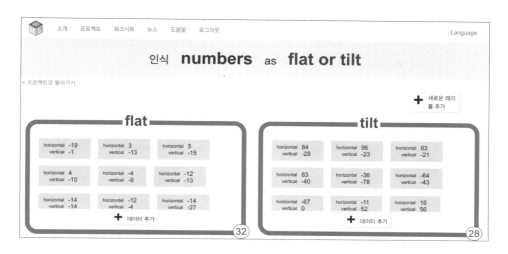

 인공지능 모델을 만들어야 하므로 스크래치 탭을 닫지 마세요!

5 인공지능 모델 만들기

스크래치에서 키보드의 Space 를 눌렀을 때 인공지능 모델을 만들 수 있도록 하겠습니다.

1 다시 스크래치 탭으로 이동하여 키를 눌렀을 때 블록을 가져옵니다. 그 아래에 새로운 머신러닝 모델 훈련하기 블록을 연결합니다.

2 다음은 전체 스크립트입니다.

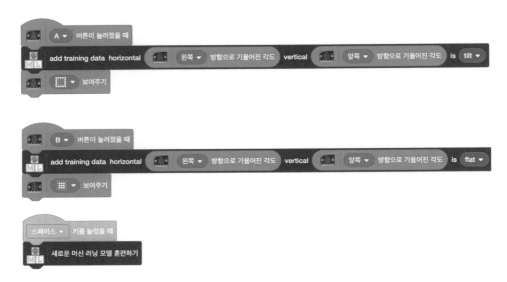

3 Space 를 눌러서 수평계 인공지능 모델을 만듭니다.

6 인공지능 수평계 프로그래밍하기

마이크로비트가 수평일 때에는 마이크로비트의 LED에 O를 표시하고, 수평이 아닐 때는 X를 표시하도록 만들어 봅시다. 주요 알고리즘은 다음과 같습니다.

❶ 마이크로비트의 기울기 센서에서 얻은 기울기 값을 입력 받습니다.

❷ 인공지능 모델이 입력 받은 기울기 값을 '수평일 때'와 '수평이 아닐 때' 둘 중 하나로 판단합니다.

❸ 마이크로비트의 LED에 판단 결과를 O 또는 X로 표시합니다.

1 프로그램을 실행하면 수평 여부 판단을 계속하기 위해 ▐깃발을 클릭했을 때▐ 블록과
   ▐무한 반복하기▐ 블록을 가져옵니다.

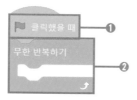

2 ▐만약~(이)라면~ 아니면▐ 블록을 안쪽에 연결합니다.

3 인공지능 모델의 정확도에 따라 수평 판단 결과를 수행해야겠죠? ▐ ● > 50 ▐ 블록과
   ▐인공지능 정확도(confidence)▐ 블록을 가져옵니다.

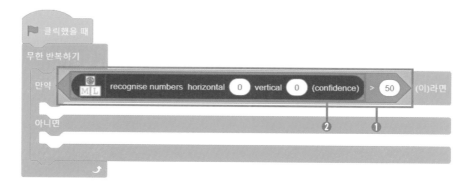

4 정확도가 70%를 넘을 때만 인공지능이 수평 여부를 판단할 수 있도록 다음과 같이 블록을 수정 및 연결합니다.

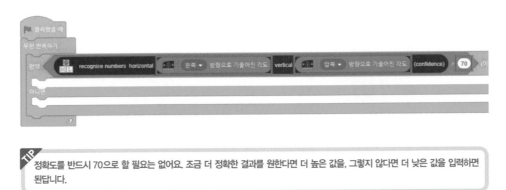

> **TIP** 정확도를 반드시 70으로 할 필요는 없어요. 조금 더 정확한 결과를 원한다면 더 높은 값을, 그렇지 않다면 더 낮은 값을 입력하면 된답니다.

5 정확도가 70 이하일 때는 정확한 결과가 아니므로 마이크로비트의 LED를 끄도록 `화면 지우기` 버튼을 '아니면' 아래에 연결합니다.

6 정확도가 70이 넘을 때에는 수평 여부를 판단해야 하므로 다시 `만약~(이)라면~ 아니면` 블록을 안쪽에 연결합니다.

7 인공지능 레이블 판단 블록과 ● = 50 블록을 사용해서 다음과 같이 연결합니다.

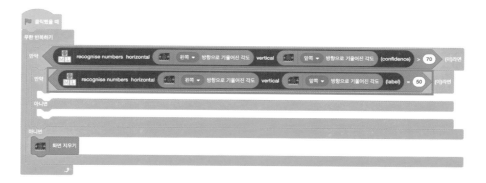

8 '수평이 아니다', 즉 인공지능이 기울어짐(tilt)으로 인식했을 때는 마이크로비트의 LED 가 X를 표시하도록 합니다.

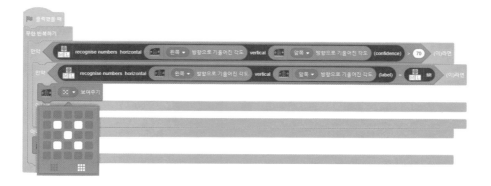

9 '수평이다', 즉 인공지능이 수평(flat)으로 인식했을 때는 마이크로비트의 LED가 O를 표 시하도록 합니다.

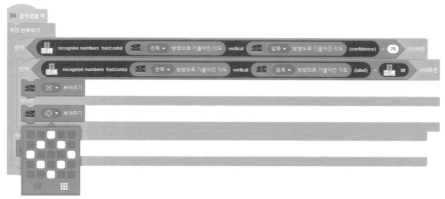

7 실행하고 저장하기

1 초록색 깃발을 클릭해 프로그램을 실행합니다.

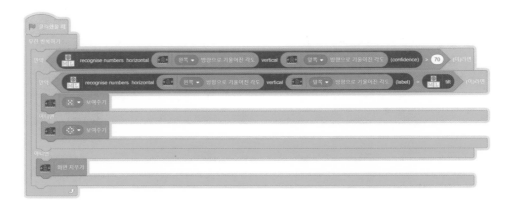

2 마이크로비트를 이리저리 움직이면서 LED 모양이 어떻게 바뀌는지 확인해보세요.

마이크로비트가 수평이 아닐 때

마이크로비트가 수평일 때

3 **파일 〉 컴퓨터**에 저장하기 메뉴를 클릭합니다. 폴더를 지정하고 파일명을 '**인공지능수평
계**'로 저장합니다.

잠깐만요

결과가 제대로 나오지 않아요!

실행 결과가 제대로 나오지 않는다면 데이터 부족이 원인일 확률이 매우 높습니다. 그렇다면 A, B 버튼을 눌러 다시 데이터를 입력한 후 인공지능 모델을 학습시키면 됩니다.

1. 스크래치에서 학습시키기

❶ 195쪽에서 했던 것처럼 A, B 버튼을 눌러 데이터를 입력합니다.

❷ Space 를 눌러서 머신러닝 모델을 다시 학습시킵니다.

❸ 잠시 기다린 후 다시 한번 실행합니다.

2. 머신러닝 for 키즈에서 학습시키기

❶ 데이터를 입력한 후 스크래치 창을 닫지 않은 상태로 머신러닝 for 키즈 탭을 클릭합니다.

❷ 머신러닝 for 키즈 에서 **프로젝트로 돌아가기 〉 훈련** 탭을 누른 후 입력된 데이터를 확인합니다.

❸ 데이터를 확인한 후 학습 및 평가 탭에서 새로운 머신러닝 모델 만들기를 클릭합니다.

❹ 다시 스크래치 탭으로 이동하여 프로그램을 실행시킵니다.

부록

부록 A

머신러닝 for 키즈
회원 가입하기

ARTIFICIAL INTELLIGENCE FOR EVERYONE

이 장에서는 머신러닝 for 키즈에 **회원 가입**을 하고 인공지능 모델을 만들 수 있도록 준비하는 과정을 알아보겠습니다.

이미지 인식 인공지능을 제외한 모든 인공지능 모델은 별도의 회원 가입 절차 없이 **지금 실행해보기** 버튼을 클릭하여 실행할 수 있습니다. 하지만 회원 가입을 하지 않을 때에는 여러분이 만든 프로젝트가 저장되지 않는다는 단점이 있습니다.

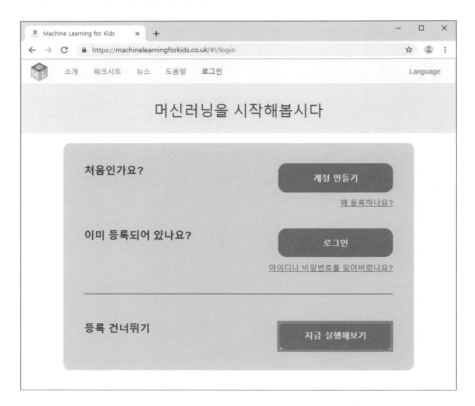

TIP 회원 가입을 하지 않고 '지금 실행해보기' 버튼을 누르면 Unit 12의 이미지 프로젝트를 제외한 모든 프로젝트를 만들 수 있습니다.

이 장에서 진행할 절차는 다음과 같습니다.

① 머신러닝 for 키즈 회원 가입

② 비밀번호 변경

③ IBM Cloud 회원 가입

④ 텍스트 프로젝트 활성화

⑤ 이미지 프로젝트 활성화

차근차근 따라하다 보면 금세 모든 절차를 완성할 수 있을 거에요. 그럼 시작해 봅시다.

1 머신러닝 for 키즈 회원 가입 시작하기

가장 먼저 머신러닝 for 키즈에 회원 가입을 하겠습니다.

1 크롬 브라우저의 주소 창에 **https://machinelearningforkids.co.uk**를 입력합니다. 화면 위쪽의 메뉴에서 **로그인**을 클릭합니다.

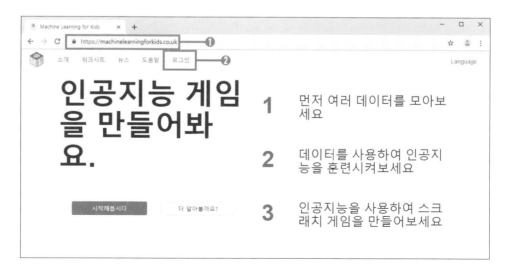

2　**계정 만들기** 버튼을 클릭합니다.

3　**교사 혹은 코딩 클럽의 리더** 버튼을 클릭합니다.

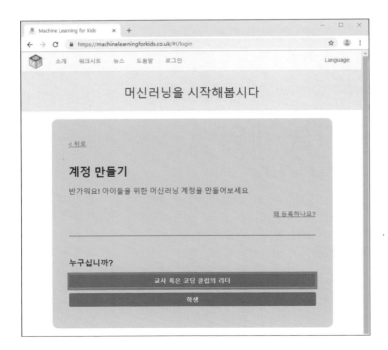

잠깐만요

저는 교사 혹은 코딩 클럽의 리더가 아니에요!

머신러닝 for 키즈는 수업 관리를 위해서만 회원 가입을 받고 있습니다. 그렇기 때문에 회원에 가입한다는 것은 수업 관리를 할 수 있다는 의미입니다. 그렇다고 해서 꼭 교사이거나 수업 관리를 할 필요는 없습니다.

4 **계정 만들기** 버튼을 클릭합니다.

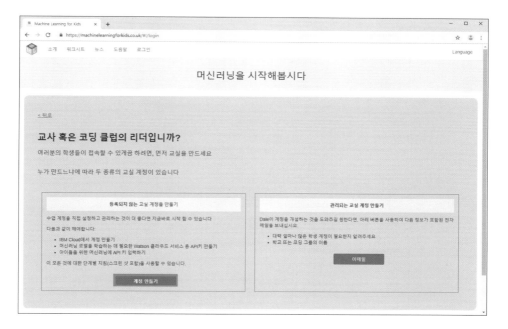

질문 있어요 **'등록되지 않는 교실 계정 만들기'와 '관리되는 교실 계정 만들기'의 차이는 무엇인가요?**

'등록되지 않는 교실 계정 만들기'는 여러분 스스로 계정을 만드는 과정입니다. 하지만 '관리되는 교실 계정 만들기'는 머신러닝 for 키즈 사이트 관리자에게 계정을 요청하는 것입니다. 관리되는 교실 계정을 만들려면 관리자에게 메일을 보내야 합니다. 4번 화면에서 '이메일' 버튼을 클릭하면 자동으로 메일 작성 단계로 넘어갑니다. 메일을 보낼 때는 ① 몇 명의 학생 계정이 필요한지 ② 학교 또는 코딩 클럽의 주소가 어떤지 ③ 학교 혹은 코딩 클럽의 웹페이지가 어디인지를 적어서 보내면 됩니다. 혹시 이동이 되지 않는다면 dale.lane@uk.ibm.com로 메일을 보내면 됩니다.

5 사용자 이름(Username), 이메일 주소(Email address), 사용 목적(Intended use, 필수는 아님) 항목에 여러분의 정보를 적은 후 주의 사항 안내에 체크를 합니다. 그리고 **CREATE CLASS ACCOUNT**(교실 계정 만들기) 버튼을 클릭합니다.

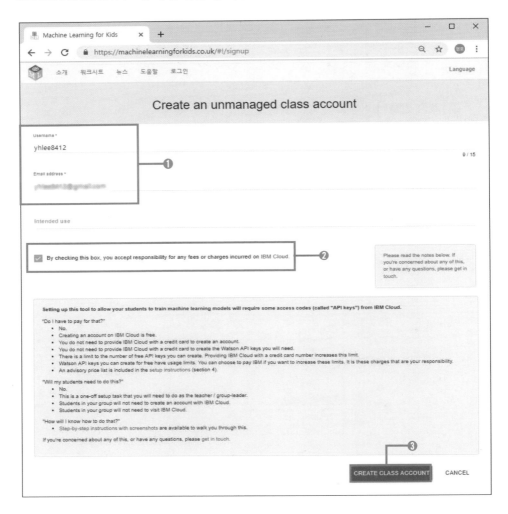

> **TIP** 가입한 이메일 주소로 인증 메일이 오며, 인증 메일을 클릭하여야 최종 인증이 됩니다. 그렇기 때문에 메일 확인이 가능한 이메일을 사용하세요.

6 화면 상단에 다음과 같이 임시 비밀번호가 생성됩니다.

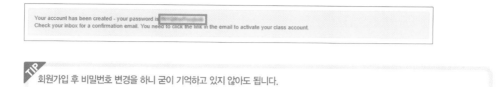

> **TIP**
> 회원가입 후 비밀번호 변경을 하니 굳이 기억하고 있지 않아도 됩니다.

7 기입한 이메일 계정에 접속하여 인증 메일을 확인하고 **VERIFY YOUR ACCOUNT**(계정 인증하기) 버튼을 클릭합니다.

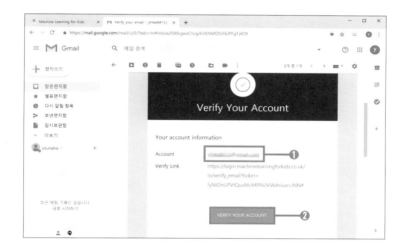

8 이메일 인증이 완료된 것을 확인할 수 있습니다.

2 비밀번호 변경하기

머신러닝 for 키즈에 회원을 가입하면 임시 비밀번호가 생성됩니다. 임시 비밀번호는 임의로 생성된 숫자와 알파벳의 조합으로 이루어진 것으로, 기억하기 어려울뿐더러 입력하기도 어렵습니다. 지금부터 여러분의 비밀번호를 설정해 보겠습니다.

> **TIP** 구글 크롬에서 비밀번호를 자동으로 저장해 주는 기능이 있지만, 그래도 기억할 수 있는 비밀번호를 만드는 것이 좋겠죠?

1 비밀번호를 변경하기 위해 **아이디나 비밀번호를 잊어버렸나요?**를 클릭합니다.

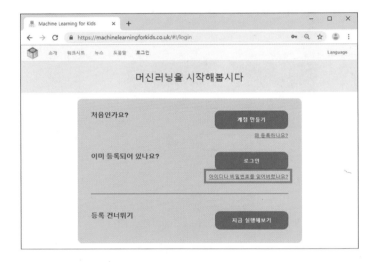

2 **교사 혹은 코딩 클럽의 리더** 버튼을 클릭한 후 나타나는 화면에서 가입할 때 사용한 **이메일**을 적고 **SEND EMAIL**(이메일 보내기)을 클릭합니다.

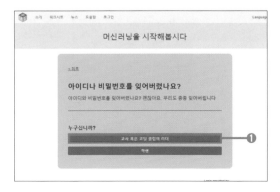

3 비밀번호 변경 이메일이 오면 **CONFIRM** 버튼을 클릭합니다.

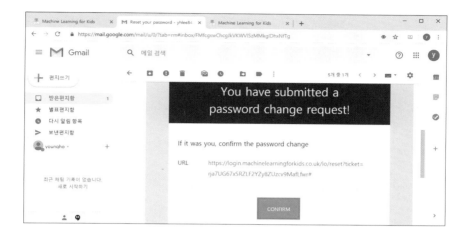

4 새로운 비밀번호를 입력하여 로그인을 합니다.

 IBM Cloud 회원 가입하기

머신러닝 for 키즈에서 텍스트와 이미지를 활용한 인공지능 프로젝트를 만들려면 IBM Watson이라는 도구를 사용하여야 합니다. 먼저 IBM에 회원 가입을 하겠습니다.

1 https://cloud.ibm.com에 접속하고 **IBM Cloud 계정 생성** 버튼을 클릭합니다.

2 여러분의 이메일 주소와 이름, 성, 국가 또는 지역, 비밀번호를 입력합니다.

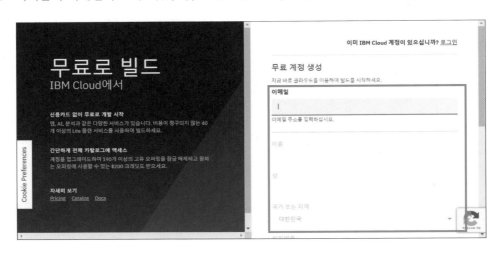

> **TIP** 악의적인 목적의 자동 가입 및 계정 생성 방지를 위해 이미지 테스트 창이 뜰 수 있습니다.

3 계정 확인 메일이 발송됩니다.

4 계정 확인 이메일이 오면 **Confirm account** 버튼을 클릭합니다.

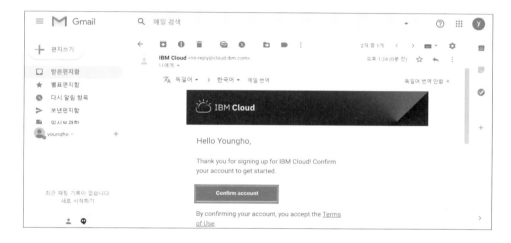

5 다음과 같이 계정이 활성화됩니다.

 4 **텍스트 프로젝트 활성화하기**

회원 가입 후 텍스트 프로젝트를 만들기 위해서는 왓슨(Watson)의 왓슨 어시스턴트(Watson Assistant)를 사용하여야 합니다. 이번에는 머신러닝 for 키즈에서 왓슨 어시스턴트를 사용하는 방법을 살펴보겠습니다.

 질문있어요 **왓슨 어시스턴트가 무엇인가요?**

'왓슨 어시스턴트'는 자연어(우리가 사용하는 언어)를 이해할 수 있는 인공지능 도구(tool)입니다. 이를 사용하여 여러 언어로 사람처럼 대화하면서 고객을 응대하는 챗봇 애플리케이션을 개발할 수 있습니다.

1 다시 https://cloud.ibm.com로 돌아가 위쪽 메뉴에 있는 **카탈로그**를 클릭합니다.

2 왼쪽 메뉴에서 **AI**를 클릭한 후 **Watson Assistant**를 클릭합니다.

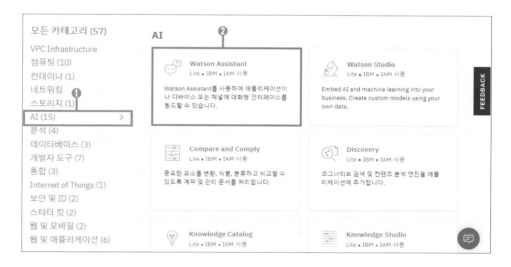

3 변경 사항 없이 하단의 **작성** 버튼을 클릭합니다.

> **TIP** 서비스 이름은 여러분이 원하는 대로 변경해도 되지만, 스크롤을 내려서 나오는 '가격 플랜' 항목은 변경하지 마세요. Lite를 선택해야 별도의 요금 없이 사용할 수 있답니다.

4 '신임 정보' 항목의 API 키 옆에 있는 **복사** 아이콘을 클릭합니다.

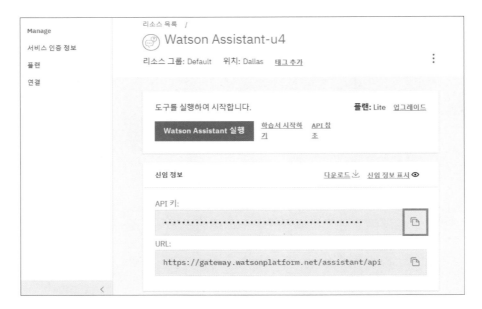

5 머신러닝 for 키즈 사이트에 로그인한 후 **관리페이지로 이동** 버튼을 클릭합니다.

6 API Keys의 **Watson API Keys** 버튼을 클릭합니다.

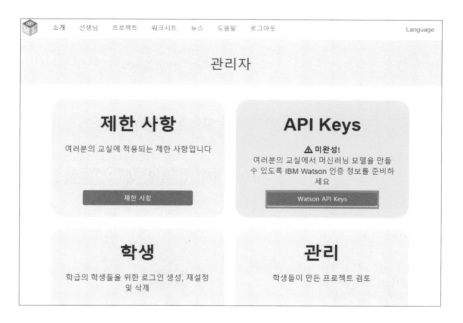

7 텍스트(text) 프로젝트 옆에 있는 **새로운 인증 추가**를 클릭합니다.

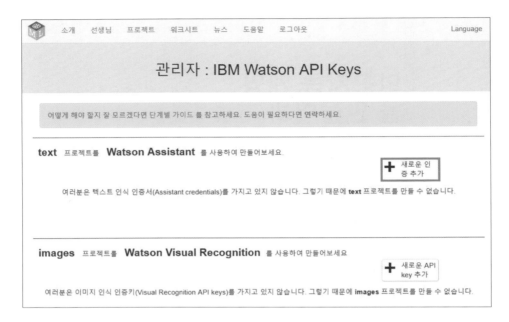

8 '어떤 가격 정책을 사용할지'에는 **Lite or Plus Trial (free)**로, '무엇을 만들었나요'라는 질문에는 **An API key**를 선택합니다.

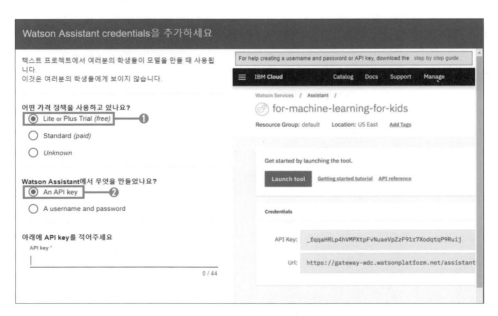

9 **4**에서 복사한 API key를 붙여 넣고 **추가** 버튼을 클릭합니다.

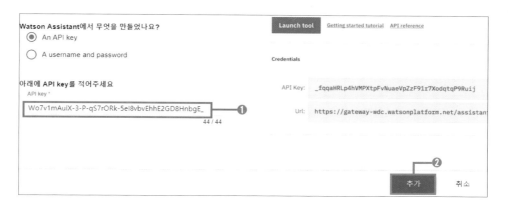

붙여 넣기가 되지 않는다면 다시 IBM Watson 페이지로 이동해서 복사를 하고 실행하세요!

10 다음과 같이 인증이 추가된 것을 확인할 수 있습니다.

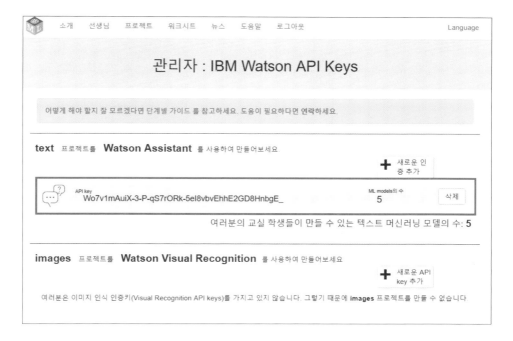

5 이미지 프로젝트 활성화하기

이미지 프로젝트를 만들려면 왓슨(Watson)의 시각 인식(visual recognition) 기능을 사용하여야 합니다. 머신러닝 for 키즈에서 시각 인식을 사용하는 방법을 살펴보겠습니다.

질문 있어요 시각 인식은 무엇인가요?

머신러닝을 사용하여 이미지 같은 시각 컨텐츠를 빠르고 정확하게 분석할 수 있는 도구입니다. 이를 사용하여 사람과 사물, 색상, 음식 등의 내용을 판별할 수 있는 애플리케이션을 개발할 수 있습니다.

1 IBM 클라우드 페이지에서 **카탈로그 〉 AI 〉 Visual Recognition**을 클릭합니다.

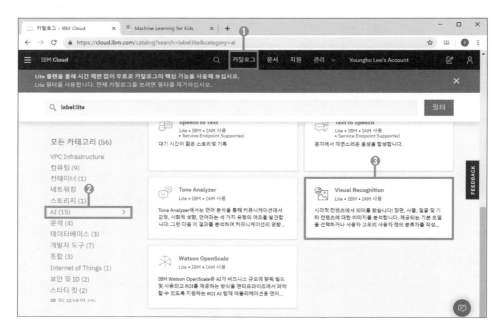

 잠깐만요

시각 인식(Visual Recognition) AI를 이용하려면 가격 정책에 주의하세요!

IBM 왓슨에서는 2020년 하반기부터 시각 인식 기능의 가격 정책을 변경하였습니다. 기존에는 무료 버전인 lite 버전이 있었으나, 현재는 유료 버전인 standard 버전만 이용할 수 있습니다.
만약 standard 버전을 이용하지 않고 무료로 시각 인식 AI를 사용하려면 계정 만들기(213쪽 4번 단계)에서 '관리되는 교실 계정 만들기' 버튼을 클릭하여 계정 생성을 요청하면 됩니다.

2 별도의 수정 없이 **작성** 버튼을 클릭합니다.

TIP 작성이 완료되고 페이지가 바뀔 때까지 시간이 조금 걸립니다.

3 왼쪽의 **서비스 인증 정보**를 클릭하고 **인증 정보 보기**를 클릭합니다.

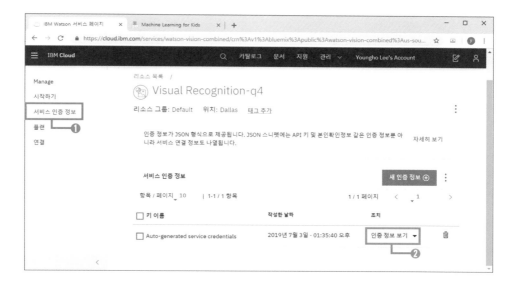

4 apikey 부분의 문자를 드래그하여 복사합니다.

5 머신러닝 for 키즈 페이지로 이동한 후 **관리페이지 〉 Api Keys** 페이지에서 **새로운 API key 추가**를 클릭합니다.

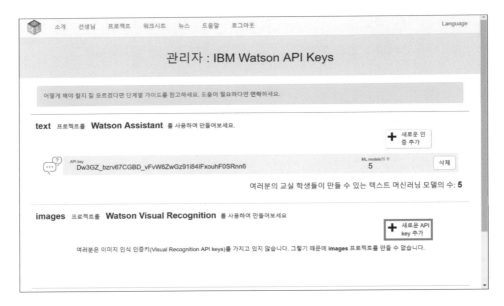

6 머신러닝 for 키즈로 돌아와 가격 정보는 **Standard(paid)**를 선택한 후 복사한 API 주소 값을 붙여 넣고 **추가** 버튼을 클릭합니다.

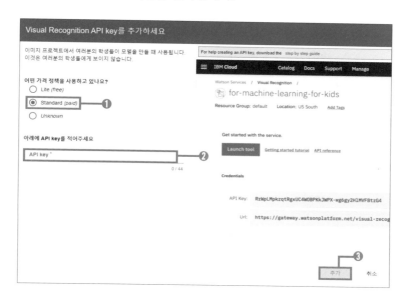

7 이미지 프로젝트도 활성화된 것을 확인할 수 있습니다.

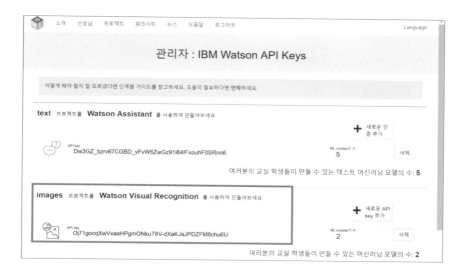

지금까지 머신러닝 for 키즈와 IBM 클라우드에 회원 가입을 하였습니다. 그리고 텍스트와 이미지 프로젝트를 만들기 위해 왓슨 어시스턴트와 시각 인식 도구를 활성화시켰습니다. 이 제 본문으로 돌아가 머신러닝 for 키즈를 사용하여 인공지능 프로젝트를 만들어 보세요!

10장 　감정 표현 로봇의 감정 추가하기

스프라이트 이름: 감정 표현 로봇

```
클릭했을 때
무한 반복하기
    모양을 soso ▼ (으)로 바꾸기
    나에게 말을 해주세요 라고 묻고 기다리기
    만약  ML 대답 텍스트 인식하기(레이블) = ML Happy  (이)라면
        모양을 Happy ▼ (으)로 바꾸기
        1 초 기다리기

    만약  ML 대답 텍스트 인식하기(레이블) = ML Sad  (이)라면
        모양을 Sad ▼ (으)로 바꾸기
        1 초 기다리기

    만약  ML 대답 텍스트 인식하기(레이블) = ML Fun  (이)라면
        모양을 Fun ▼ (으)로 바꾸기
        1 초 기다리기

    만약  ML 대답 텍스트 인식하기(레이블) = ML Angry  (이)라면
        모양을 Angry ▼ (으)로 바꾸기
        1 초 기다리기
```

11장 스마트 교실 정확도 높이기

스프라이트 이름: classroom

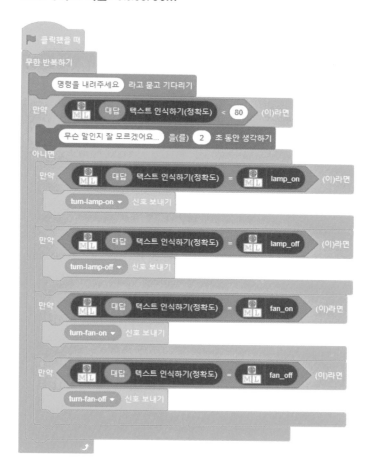

12장 　마법의 옷 색상 추가하기

스프라이트 이름: Dani

```
클릭했을 때
무한 반복하기
  만약  [ML] backdrop image  이미지 인식하기(정확도)  >  70   (이)라면
    만약  [ML] backdrop image  이미지 인식하기(레이블)  =  [ML] red   (이)라면
      모양을  red ▾  (으)로 바꾸기
    만약  [ML] backdrop image  이미지 인식하기(레이블)  =  [ML] yellow   (이)라면
      모양을  yellow ▾  (으)로 바꾸기
    만약  [ML] backdrop image  이미지 인식하기(레이블)  =  [ML] blue   (이)라면
      모양을  blue ▾  (으)로 바꾸기
    만약  [ML] backdrop image  이미지 인식하기(레이블)  =  [ML] green   (이)라면
      모양을  green ▾  (으)로 바꾸기
    만약  [ML] backdrop image  이미지 인식하기(레이블)  =  [ML] black   (이)라면
      모양을  black ▾  (으)로 바꾸기
  아니면
    무슨 색인지 모르겠어요  말하기
```

교사용 메뉴 살펴보기

ARTIFICIAL INTELLIGENCE FOR EVERYONE

머신러닝 for 키즈는 교사 혹은 코딩 클럽의 리더에게 특별한 기능을 제공합니다. 그 특별한
기능은 바로 학생 관리 시스템(Learning Management System, LMS)입니다. LMS를 사용하
면 더욱 쉽게 학생들의 프로젝트를 관리할 수 있습니다.

1 상단의 메뉴 중 **선생님**을 클릭하면 아래와 같은 화면이 나옵니다. 지금부터 순서대로 제
한 사항, API Keys, 학생, 관리 각 메뉴에 대해서 설명하겠습니다. 먼저 **제한 사항** 버튼
을 클릭합니다.

2 **제한 사항** 메뉴에서는 만들 수 있는 학생 계정의 수와 생성 가능한 프로젝트 수 그리고 모델의 지속 시간 등을 수정할 수 있습니다.

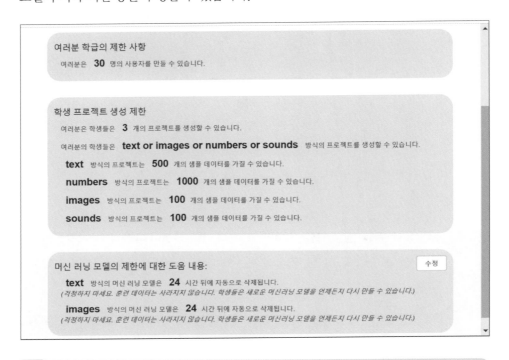

TIP 한 계정에서 만들 수 있는 인공지능 모델의 수가 한정되어 있기 때문에, 머신러닝 for 키즈에서는 만들어진 인공지능 모델을 일정 시간 간격으로 지웁니다. 하지만 데이터는 삭제되지 않습니다.

TIP 한 계정에서 만들 수 있는 프로젝트는 3개로 제한되어 있습니다. 그렇기 때문에 새 프로젝트를 만들려면 기존 프로젝트를 1개 삭제해야 합니다.

3 다시 **1**로 돌아가, **Watwon API Keys** 버튼을 클릭합니다. 이 메뉴에서는 텍스트와 이미지 인식을 위한 인증 정보를 입력할 수 있습니다.

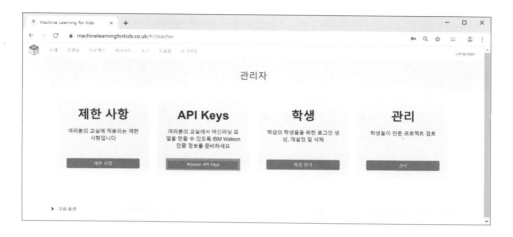

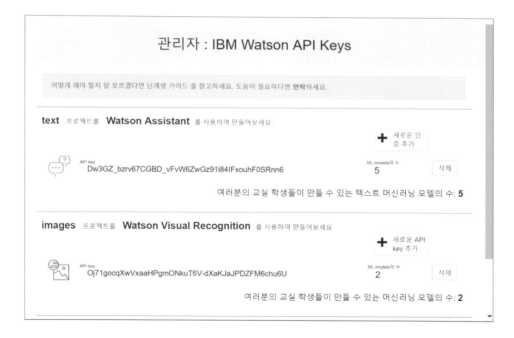

4 마찬가지로 **학생** 메뉴에서는 학생들을 관리 목록에 추가 및 삭제하거나 비밀번호를 바꿀 수 있습니다.

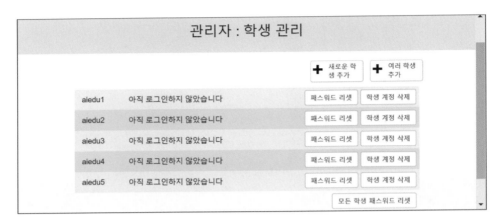

> **TIP** 여러 학생 추가 메뉴를 사용하면 다수의 학생을 동시에 생성할 수 있습니다. 이 때에는 학생들 계정 이름에 사용할 접두어를 지정해야 합니다.

5 **관리** 메뉴에서는 교실에서 만든 프로젝트 목록을 보여줍니다. 머신러닝 모델을 선택하여 삭제함으로써 한 교실에서 만들 수 있는 머신러닝 모델 개수를 조절할 수 있습니다.

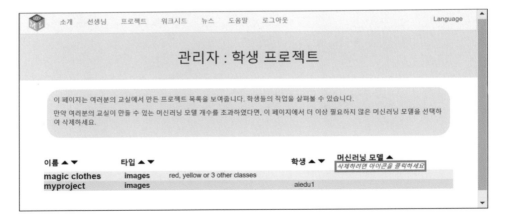

6 **고급 옵션**에는 교실 삭제 메뉴가 있습니다. 더 이상 교실을 유지하고 싶지 않을 때 **교실 삭제** 버튼을 눌러 교실을 삭제할 수 있습니다.

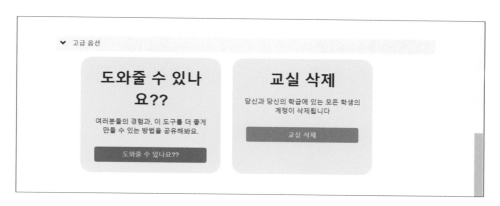

찾아보기

영어